Gabriele Bruckmeier

Meine Smartphone-Anleitung

Das Buch zum Kurs für iPhone

Verlag: BILDNER Verlag GmbH
Bahnhofstraße 8
94032 Passau

http://www.bildner-verlag.de
info@bildner-verlag.de

ISBN: 978-3-8328-0399-5

Autorin: Gabriele Bruckmeier

Covergestaltung: Aaron Kübler

Redaktion und Lektorat: Anja Schmid

Herausgeber: Christian Bildner

Druck: MultiPrint Ltd., 10A Slavyanska str., 2230 Kostinbrod, Bulgaria

2025 aktualisierte Auflage, Kennziffer 412_02

Bildnachweis:

Bilder von „Anne Schöne“ (S. 21-25, 41, 43, 51-59, 94-99):
© Drobot Dean - Fotolia.com

INHALTSVERZEICHNIS

Wie funktioniert dieses Buch?

Jede Aufgabe hat drei Lösungsschritte. Lege dein iPhone neben das Buch und probiere es sofort aus.

Erst die Aufgabe lesen...

...dann die App auf deinem iPhone finden und öffnen.

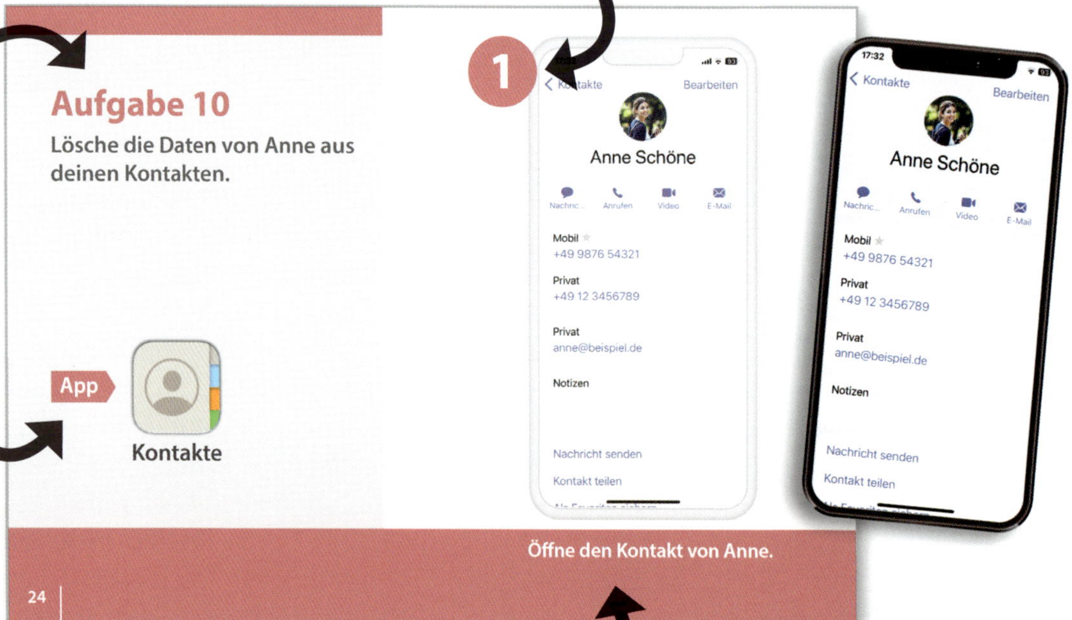

Das ist die Anweisung für den ersten Schritt.

Die Hand zeigt dir, wo du tippen sollst.

Das gelbe Symbol oben weist darauf hin, dass auf diesen Bildschirm ein Sticker aufgeklebt wird.

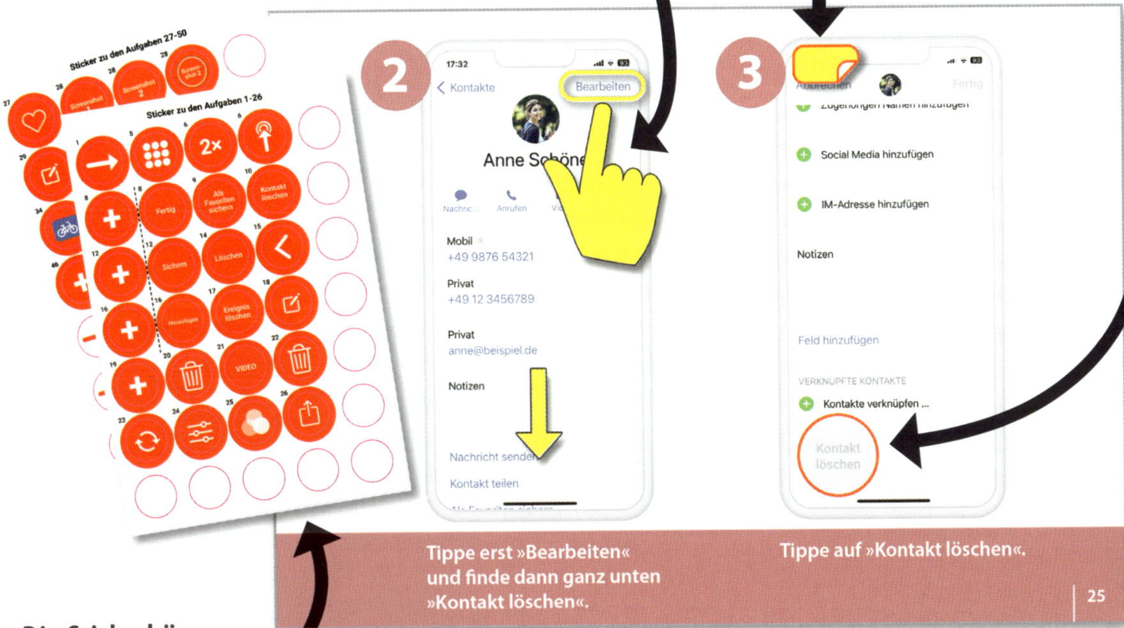

Auf deinem iPhone siehst du, welchen Button du für die Aufgabe drücken musst. Suche anhand der Aufgabennummer den passenden Sticker auf dem Stickerbogen und klebe ihn im Buch auf den Kreis. So weißt du, wo du tippen musst.

Die Stickerbögen liegen dem Kursbuch bei. Die Sticker sind anhand der Aufgabennummer nummeriert.

Aufgabe 1

Schalte dein iPhone ein und öffne den Startbildschirm. Wie viele Apps sind auf deinem iPhone installiert?

Das ist der Sperrbildschirm. Ziehe von unten nach oben, um zum Startbildschirm zu gelangen.

Das ist der Startbildschirm mit deinen Apps. Durch Wischen auf die nächste Seite blättern.

Auf der letzten Seite ist die App Mediathek mit allen Apps.

Aufgabe 2

Du willst schnell ein Foto machen. Öffne die Kamera aus dem Sperrbildschirm.

1

Öffne den Sperrbildschirm.

Ziehe von ganz außen zur Mitte hin.

Jetzt kannst du sofort dein Foto machen.

Aufgabe 3

Überprüfe in der Statusleiste, wie gut die Verbindung ins Telefonnetz auf deinem Smartphone ist.

- WLAN
- Telefonnetz 5G, LTE
- Mobilfunk
- Kamera, Mikrofon wird verwendet
- Standort-freigabe
- Fokus Nicht stören
- Bluetooth
- Bildschirm drehen sperren

Unterscheide zwischen mobilen Daten und WLAN-Daten.

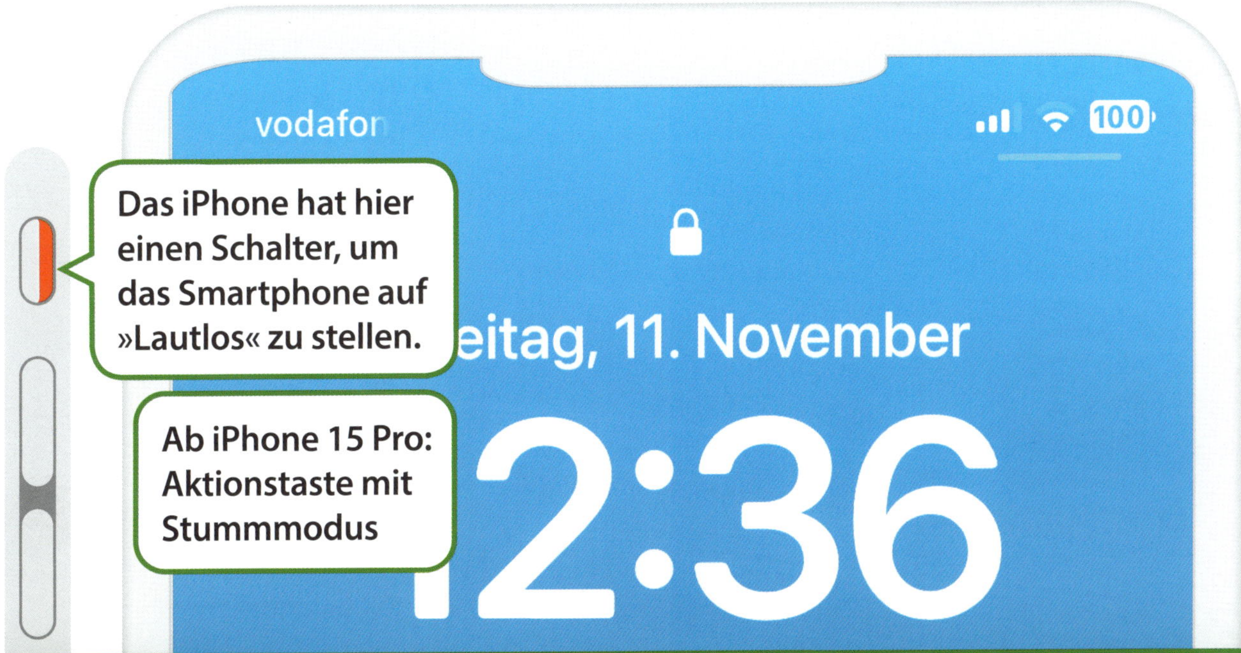

Die Statusleiste ist am oberen Rand des Bildschirms. Das Smartphone kann nur entweder mit WLAN oder über ein mobiles Datennetz wie z. B. 5G, LTE verbunden sein.

Aufgabe 4

Das Smartphone schaltet sich selbstständig ab, wenn es nicht genutzt wird. Stelle den Zeitraum auf 5 Minuten.

App

Einstellungen

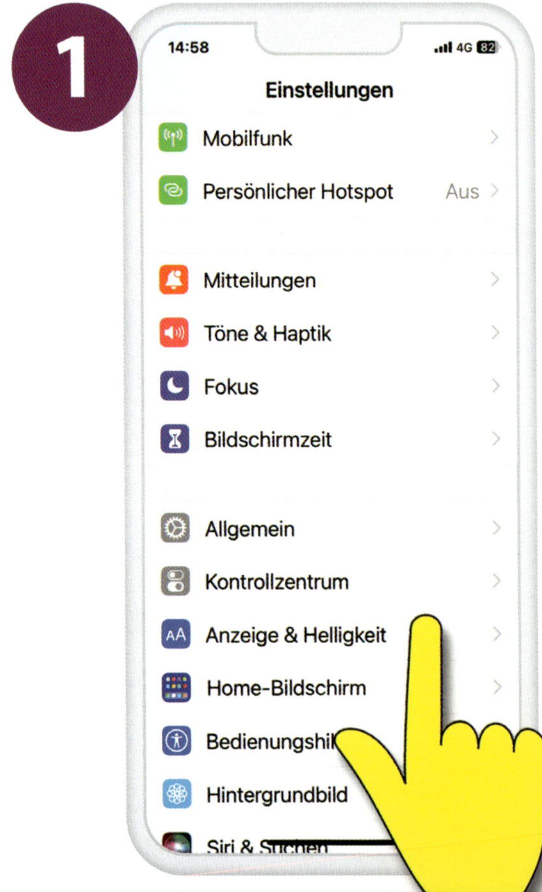

Finde die Zeile »Anzeige & Helligkeit«. Tippe auf die Zeile.

2

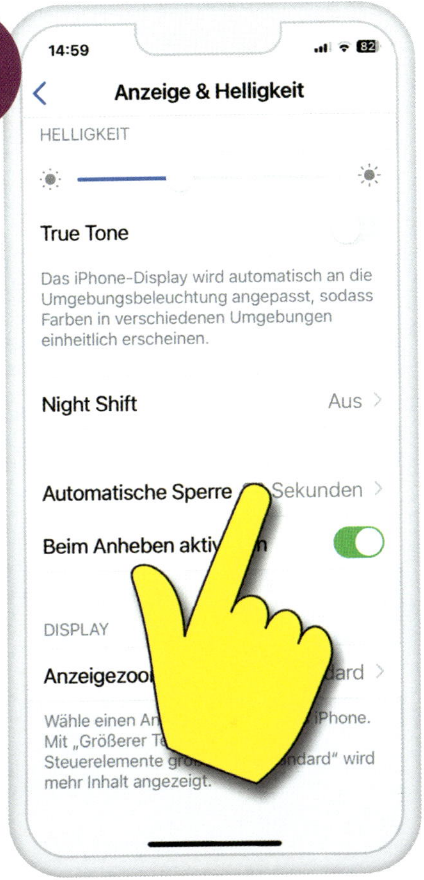

Finde »Automatische Sperre«. Das iPhone darf nicht im Stromsparmodus sein.

3

»Zurück« bringt dich auf die vorherige Seite.

Ältere iPhones: Auf den Home-Button tippen, um zurück zum Startbildschirm zu kommen.

Wähle »5 Minuten« aus. Ziehe von unten nach oben, um zurück zum Startbildschirm zu kommen.

Aufgabe 5

Ruf eine Telefonnummer an. Nutze das Ziffernfeld, um diese Nummer einzugeben.

App

Telefon

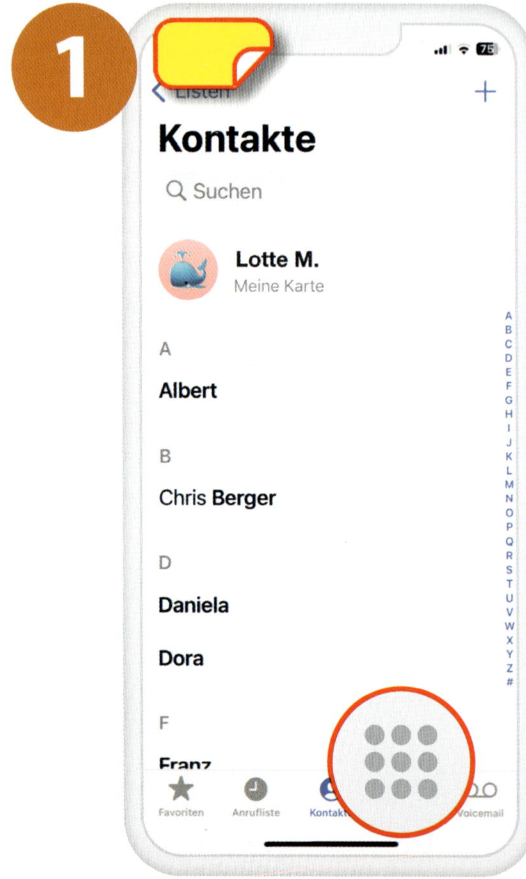

Öffne das Ziffernfeld.

2

3

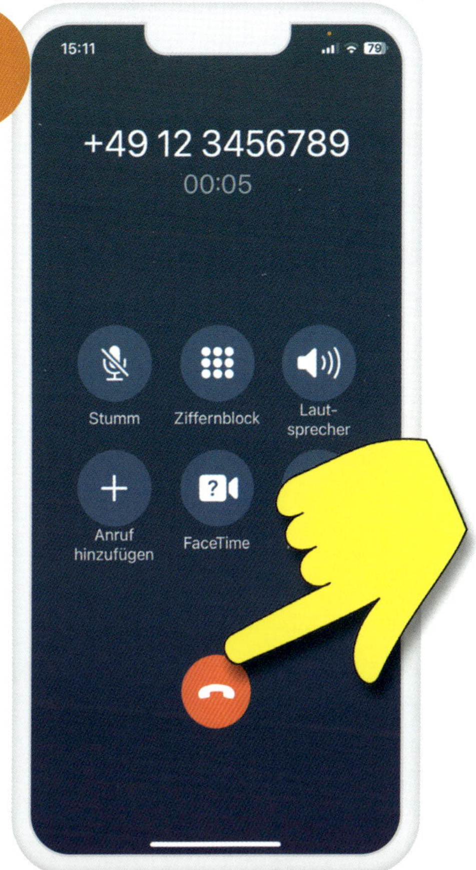

Gib die Telefonnummer über das Ziffernfeld ein. Für ein + etwas länger auf die Null drücken.

Mit 📞 das Telefonat starten und mit 📞 beenden.

Aufgabe 6

Einmal geöffnete Apps laufen im Hintergrund weiter. Schließe alle offenen Apps auf deinem iPhone.

1

Öffne den Startbildschirm.

Älteres iPhone:
Tippe zweimal kurz hintereinander auf den Home-Button.

Von unten bis zur Mitte ziehen und etwas länger halten.

Wische die einzelnen Apps nach oben weg.

Aufgabe 7

Du bist im Flugzeug. Öffne das Kontrollzentrum und schalte den Flugmodus ein.

	Bildschirm drehen		Telefonnetz 5G, LTE
	Taschen-lampe		Flugmodus
	Energie sparen		Fokus Nicht stören

Bis iPhone 8:
Ziehe vom unteren Bildschirmrand nach oben.

Von der rechten oberen Ecke zur Mitte ziehen.

2

Tippe auf Plus links oben und auf „Steuerelement hinzufügen“, um das Kontrollzentrum anzupassen.

3

Tippe auf das Flugzeug. Das Symbol wechselt die Farbe zu orange.

Der Flugmodus ist AN. Überprüfe es in der Statusleiste.

Aufgabe 8

Speichere die Nummer von Anne ab:

Anne Schöne
Tel.: +49 987654321

App

Kontakte

1

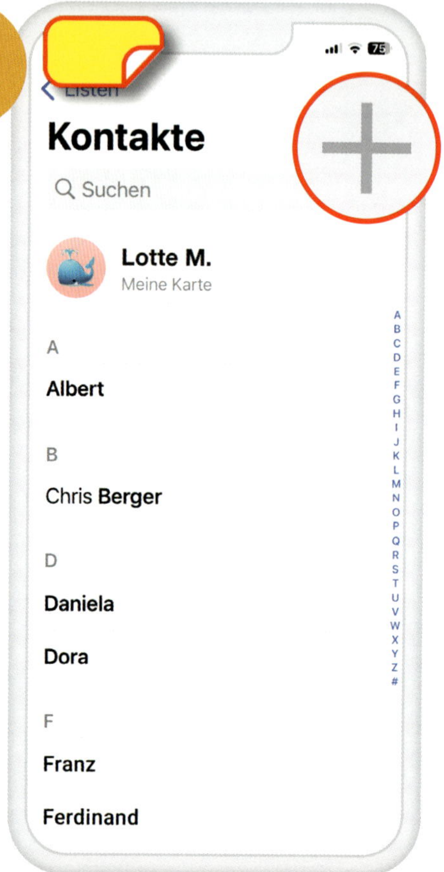

Finde und tippe auf das Plus.

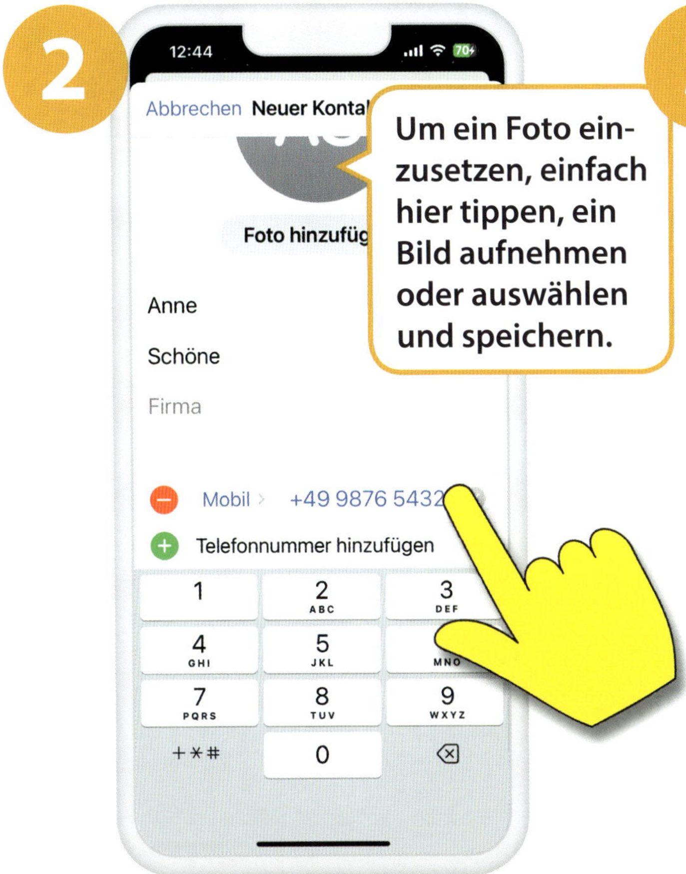

Gib Name, Telefonnummer, E-Mail und eventuell auch ein Foto ein.

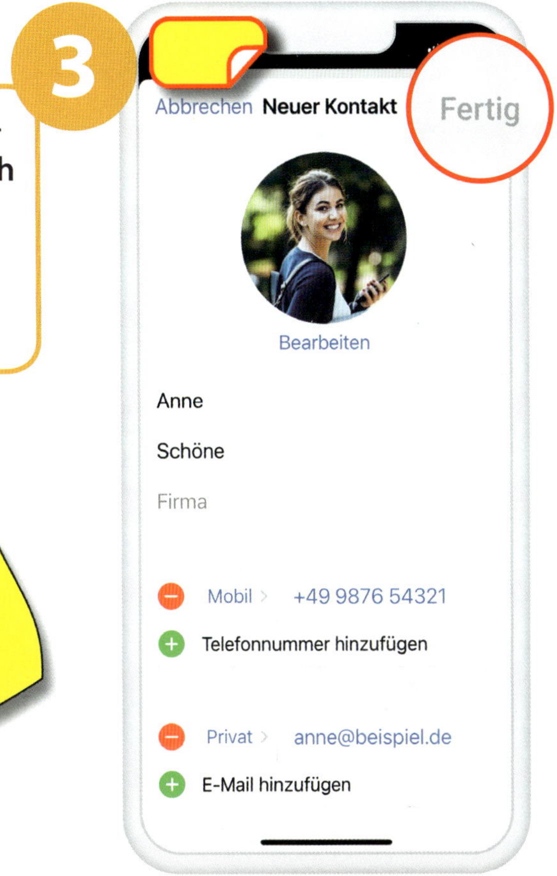

Tippe auf »Fertig«, um die Kontaktdaten abzuspeichern.

Aufgabe 9

Füge Anne deinen Favoriten hinzu. Überprüfe in der App »Telefon« die Liste deiner Favoriten.

App

Kontakte

1

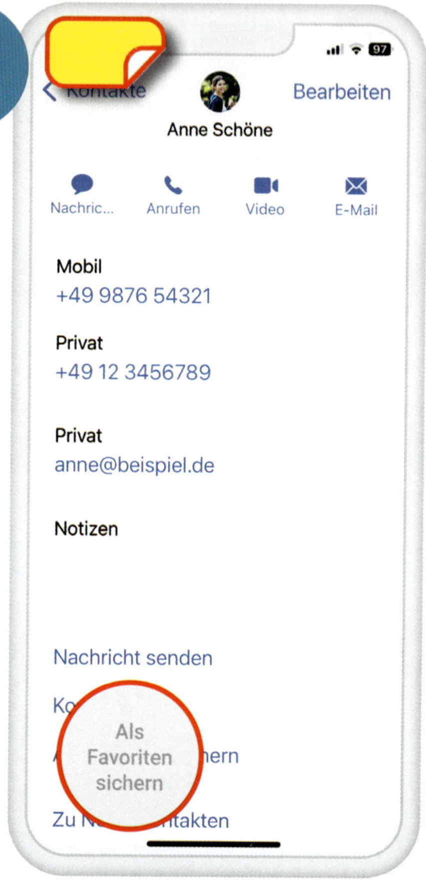

Öffne den Kontakt von Anne. Finde »Als Favoriten sichern«. Tippe darauf.

2

3

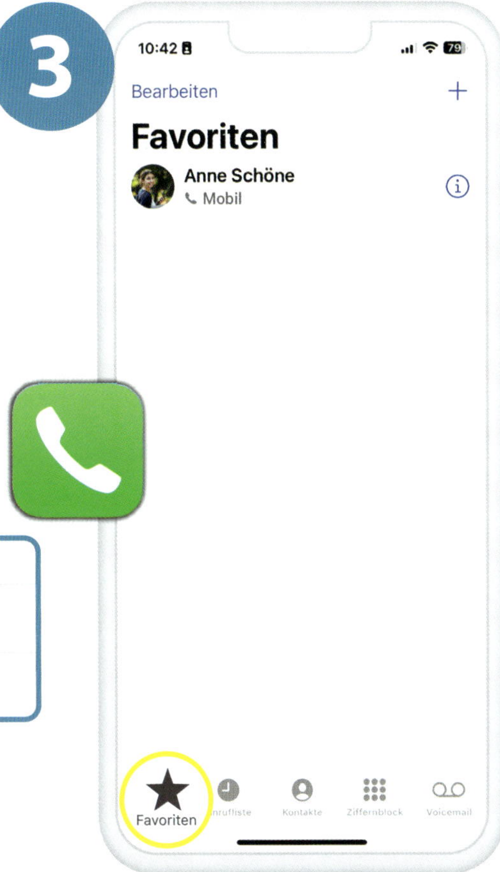

Tippe auf »Anrufen« und dann auf die Zeile »Telefon«. Wähle die bevorzugte Telefonnummer aus.

Öffne die App Telefon und wähle »Favoriten« aus.

Aufgabe 10

Lösche die Daten von Anne aus deinen Kontakten.

App

Kontakte

1

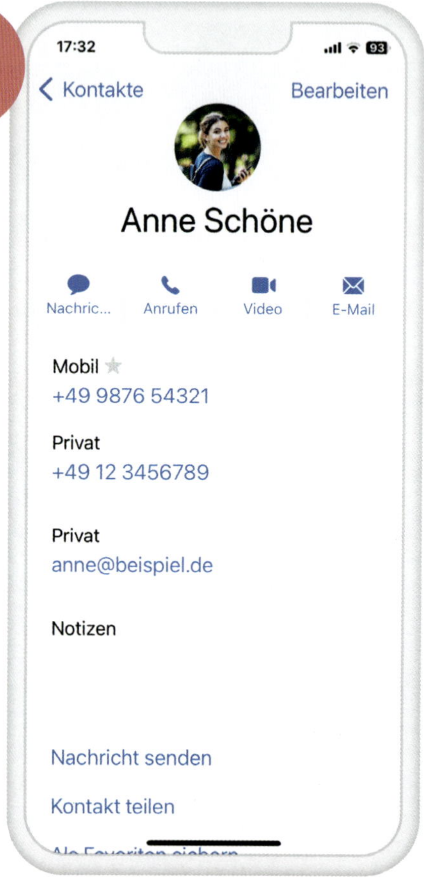

Öffne den Kontakt von Anne.

2

3

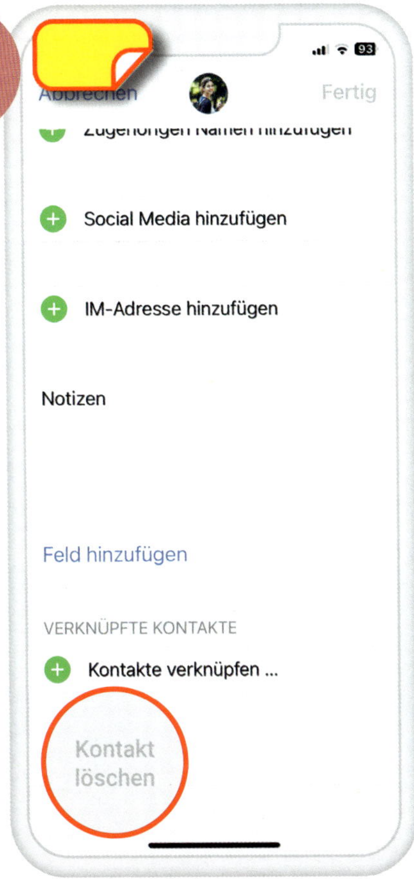

Tippe erst »Bearbeiten« an und finde dann ganz unten »Kontakt löschen«.

Tippe auf »Kontakt löschen«.

Aufgabe 11

Stelle dir einen Timer, der nach 1 Minute klingelt.

App

Uhr

1

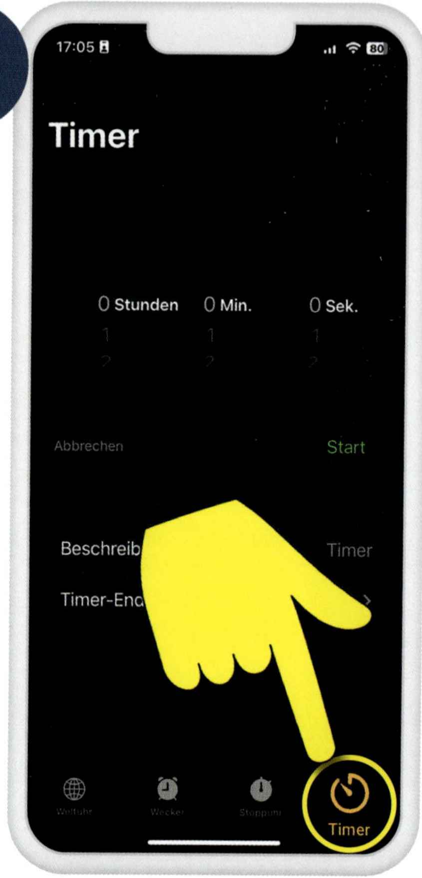

Wähle »Timer« aus.

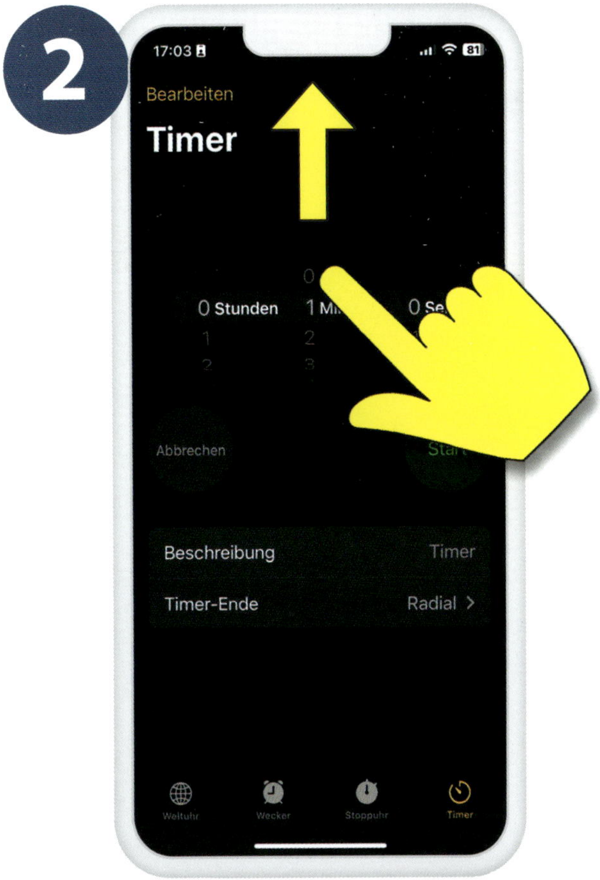

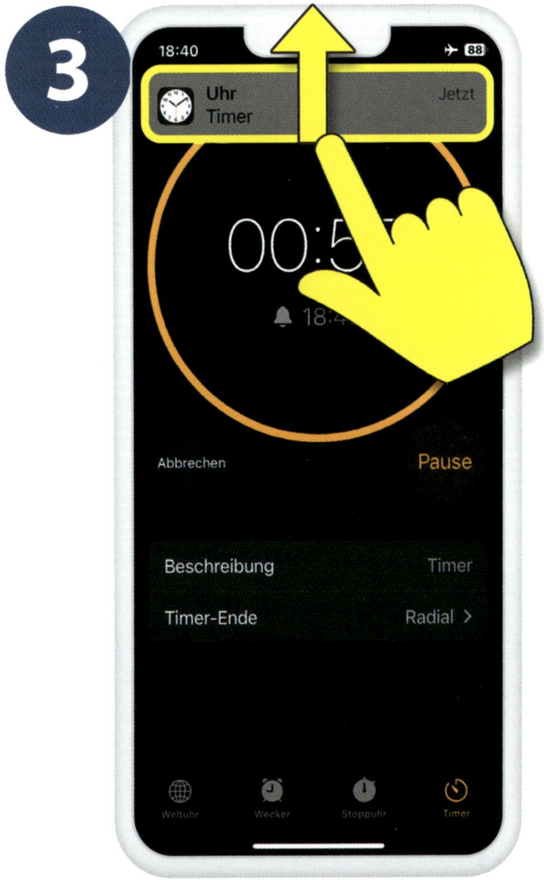

Stelle die Uhrzeit auf
1 Minute ein.
Starte den Timer.

Es klingelt nach 1 Minute. Um
zu stoppen, wische den
grauen Balken nach oben.

Aufgabe 12

Stelle dir einen Wecker auf 7 Uhr. Er soll jeden Montag klingeln.

App

Uhr

Wähle »Wecker« aus.
Finde und tippe auf das Plus.

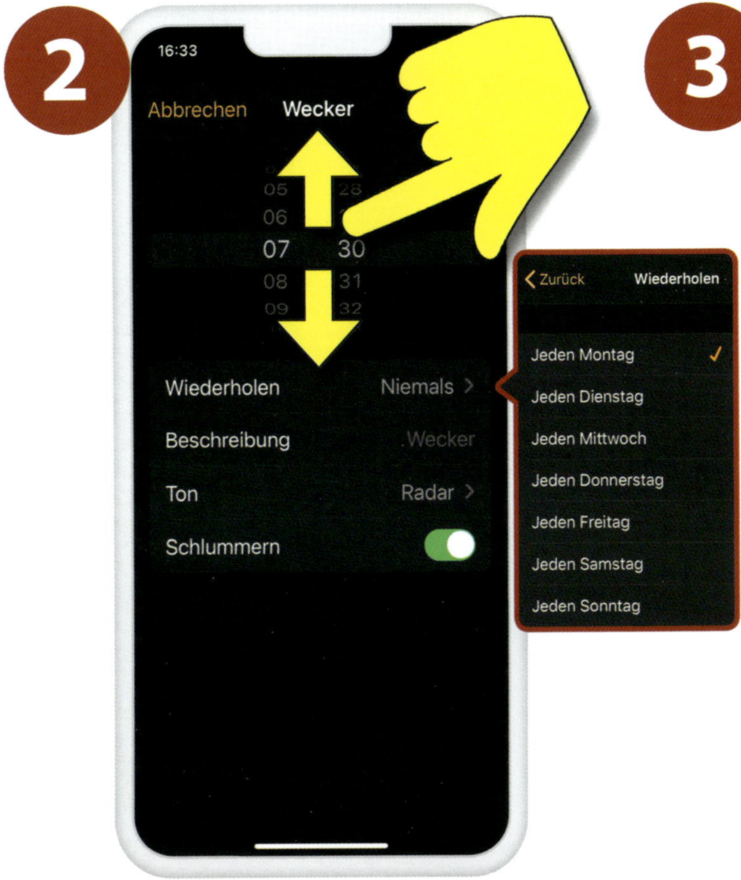

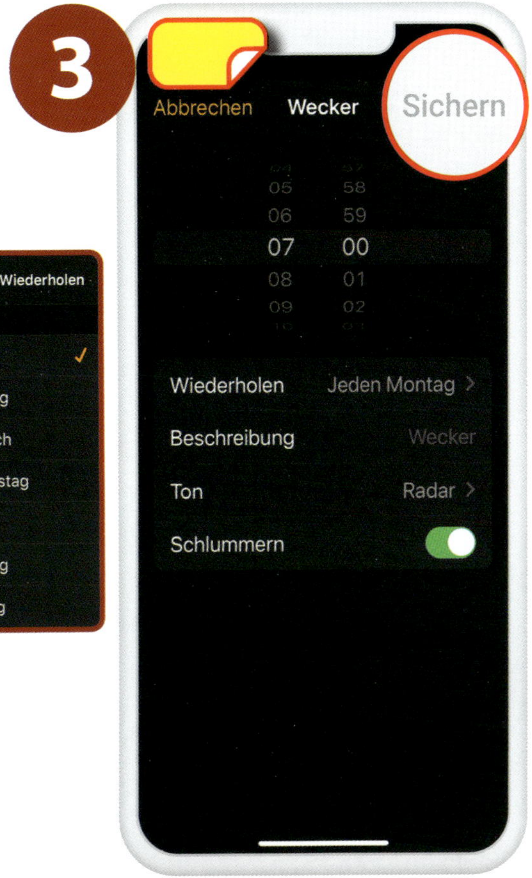

Stelle die Uhrzeit auf 7:00 Uhr. Gib bei Wiederholen »Jeden Montag« ein.

Finde »Sichern« und speichere die Weckzeit. Symbol Wecker wird im Kontrollzentrum angezeigt.

Aufgabe 13

**Du bist im Urlaub und brauchst keinen Wecker.
Stelle den Wecker auf AUS.**

App

Uhr

1

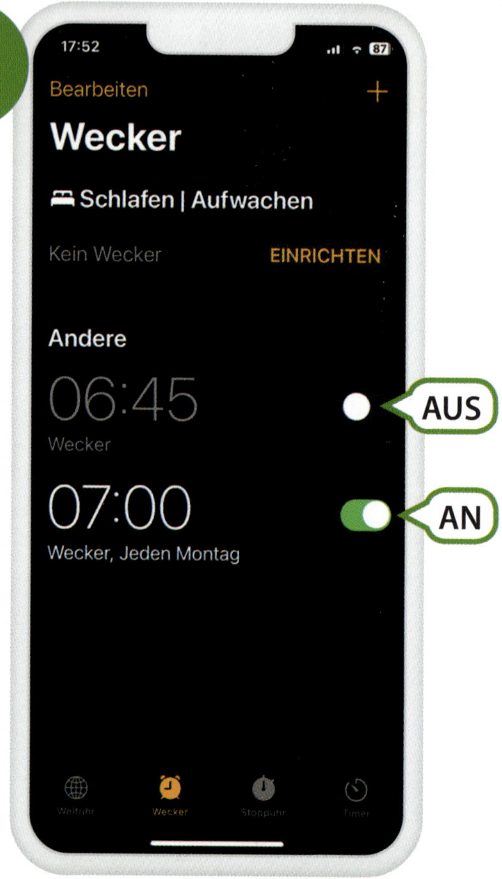

Es gibt pro Weckzeit einen Schalter zum Ein- und Ausschalten.

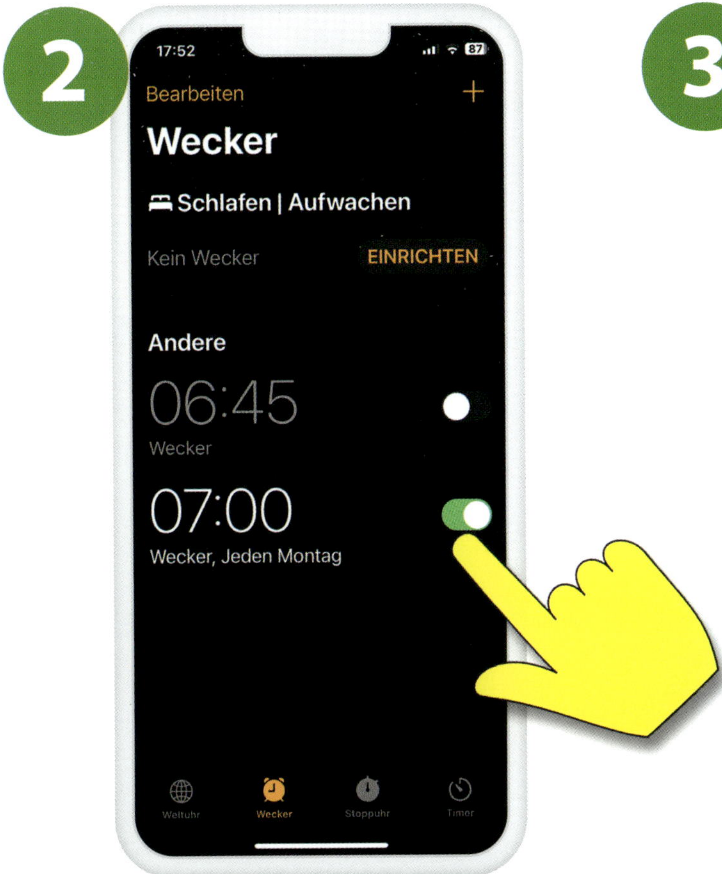

Tippe auf den Schalter, um den Wecker auszuschalten.

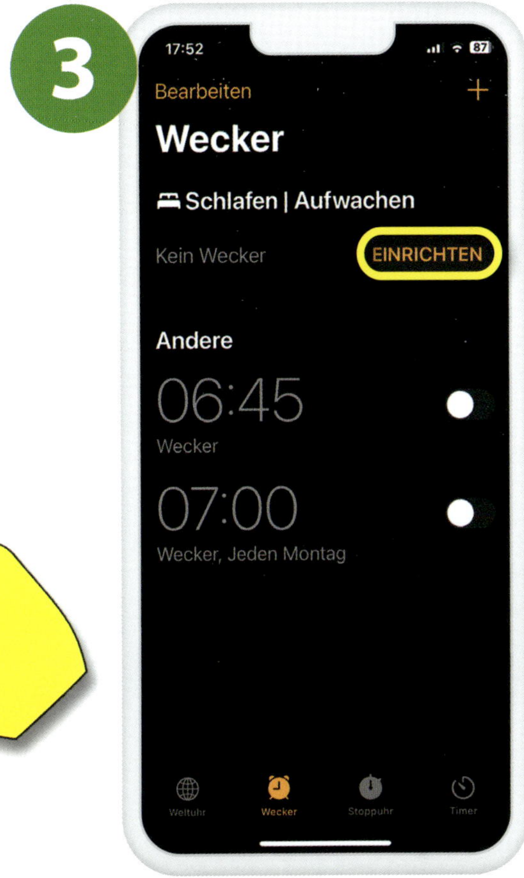

Hier kannst du deinen Schlafplan mit Schlafenszeit und Weckzeit erstellen.

Aufgabe 14

Lösche den Sieben-Uhr-Wecker.

App

Uhr

1

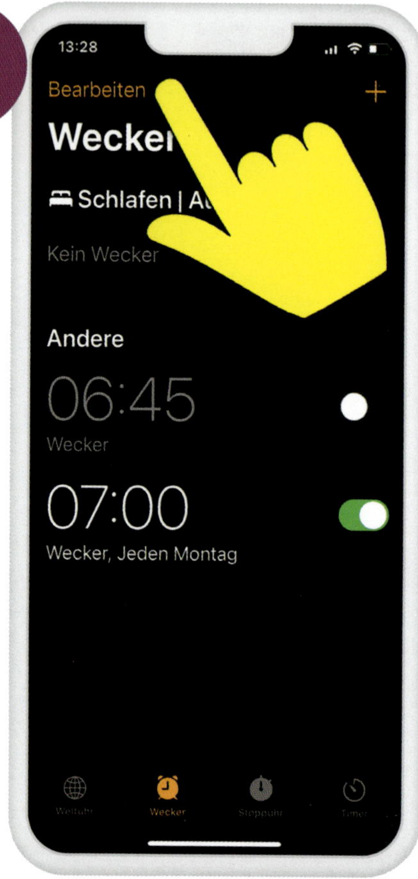

Finde »Bearbeiten« und tippe darauf.

2

Wähle durch Tippen auf ⊖ den Wecker aus, den du löschen möchtest.

3

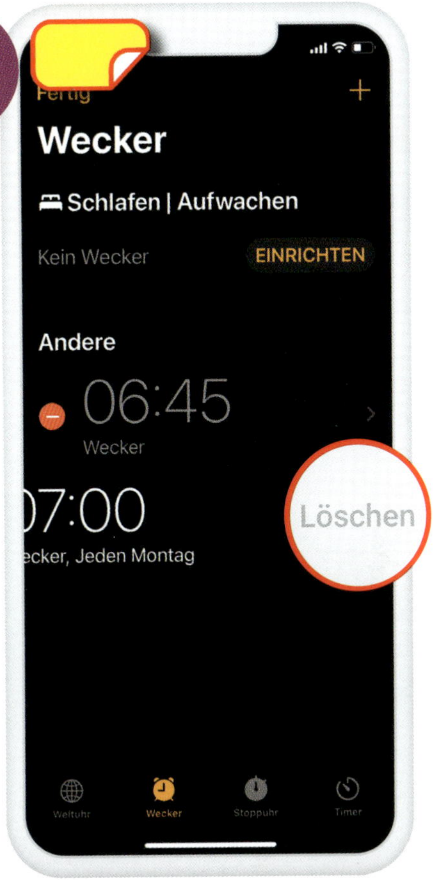

Tippe auf »Löschen«. Alternativ den zu löschenden Wecker nach links ziehen.

Aufgabe 15

Schaue im Kalender, ob Weihnachten dieses Jahr ein Mittwoch ist.

App

Kalender

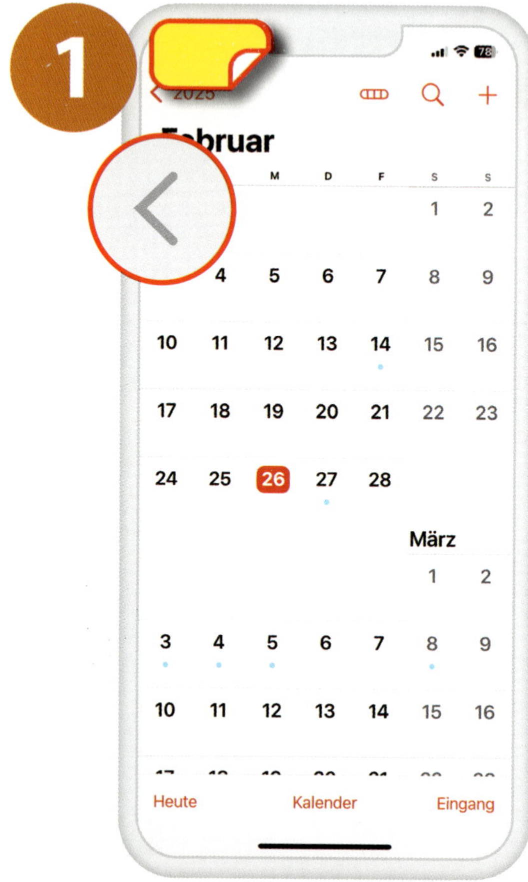

Tippe auf den Pfeil oben links, bis du die Jahresübersicht siehst.

2

Wische nach oben, um zum nächsten Jahr zu gelangen.

3

Tippe auf den Dezember, um den Monat größer anzuzeigen.

Aufgabe 16

**Du musst zum Friseur.
Trage einen Termin für nächsten Dienstag um 10 Uhr ein.**

App

Kalender

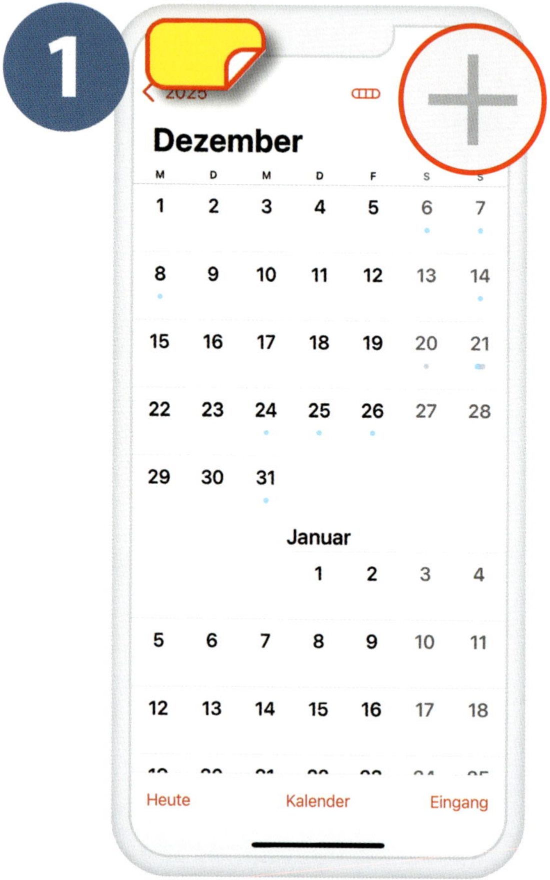

Gehe auf die Monatsübersicht. Finde das Plus und tippe darauf.

2

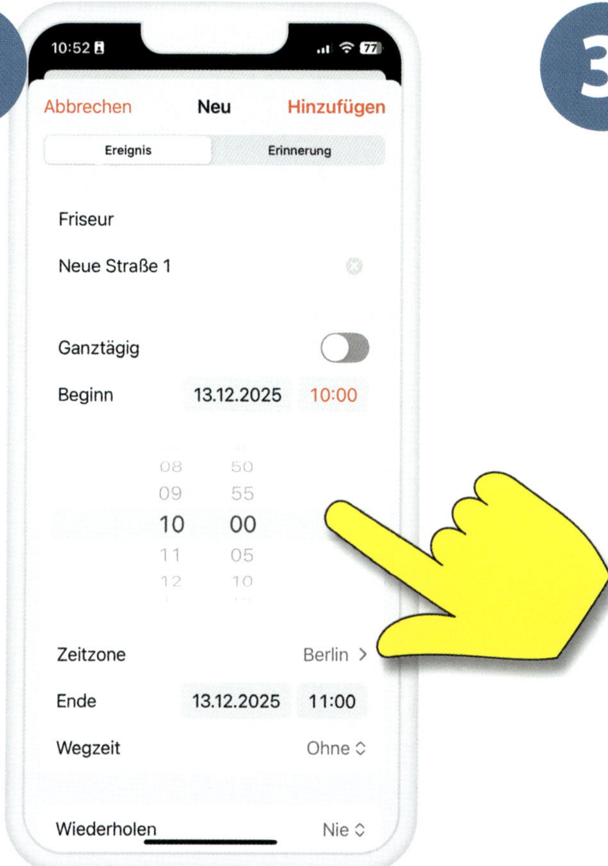

Gib für den Termin Name, Adresse, Datum und Uhrzeit ein.

3

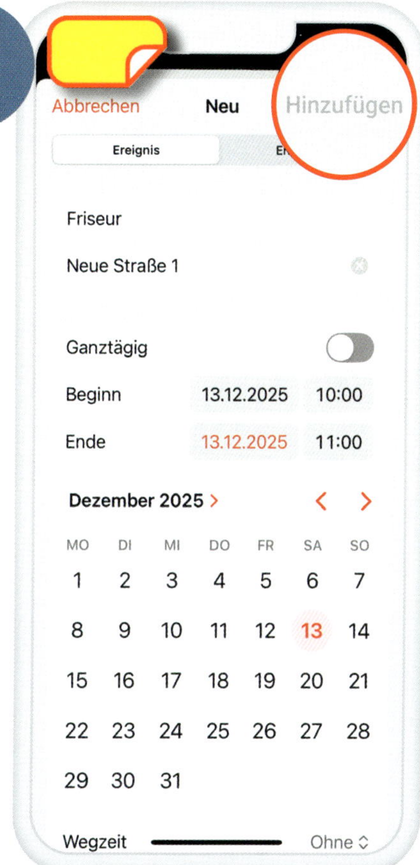

Tippe auf »Hinzufügen«, um den Termin zu speichern.

Aufgabe 17

Lösche den Termin wieder aus deinem Kalender.

App

Kalender

1

Tippe auf den Termin, um ihn zu öffnen.

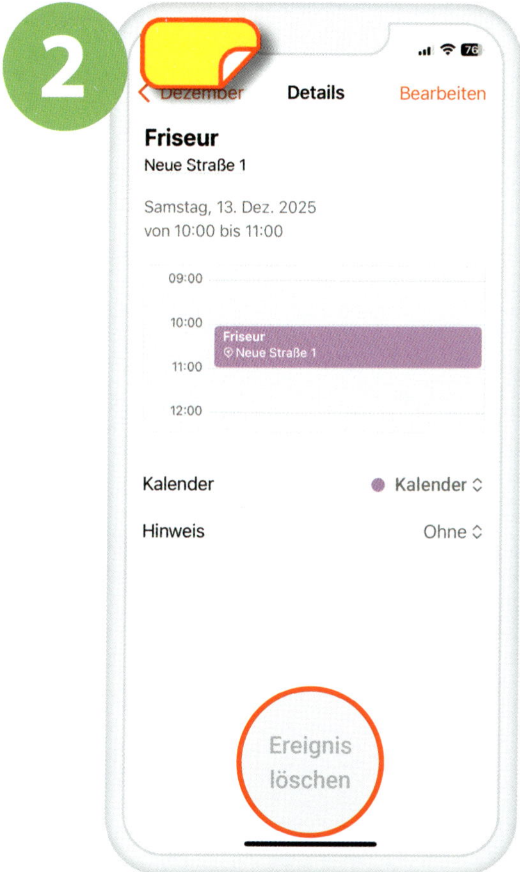

Finde »Ereignis löschen« und tippe darauf.

Bestätige mit »Ereignis löschen«, dass dieser Termin gelöscht werden soll.

Aufgabe 18

Sende eine Nachricht/SMS an einen Freund.

App

Nachrichten

1

Finde das Symbol für »Neue Nachricht«. Tippe darauf.

2

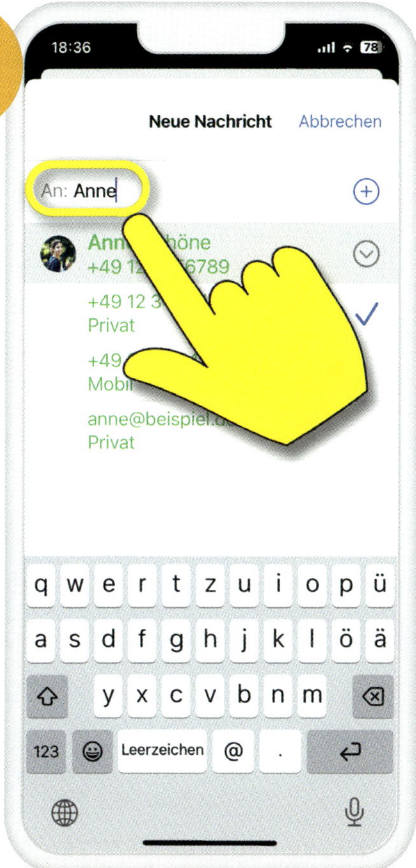

3

Tippe oben in das Feld »An:« und gib den Namen oder die Nummer ein.

Tippe in das Textfeld unten und gib die Nachricht ein. Senden als SMS oder iMessage.

Aufgabe 19

Sende eine SMS mit einem angehängten Bild. Das ist eine MMS.

App

Nachrichten

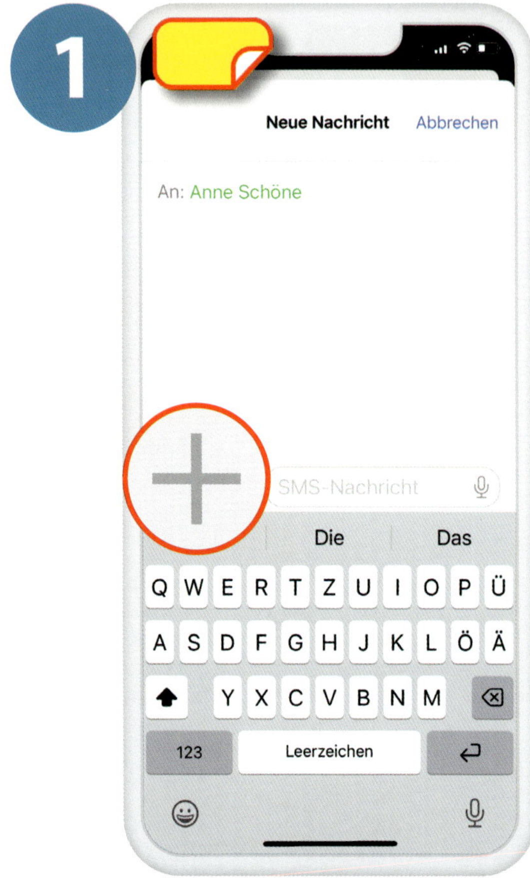

Schreibe eine neue Nachricht an Anne. Tippe unten auf das Plus.

2

3

Eine MMS kostet bei vielen Anbietern 39 Cent.

Tippe auf das Symbol deiner Fotogalerie. Wähle ein Foto aus.

Schreibe eine Nachricht dazu. Drücke auf »Senden«. Bei wird das Foto als MMS versendet.

Aufgabe 20

Lösche eine Nachricht.

App

Nachrichten

Drücke etwas länger auf die Nachricht, die du löschen möchtest.

2

Tippe auf »Mehr«.

3

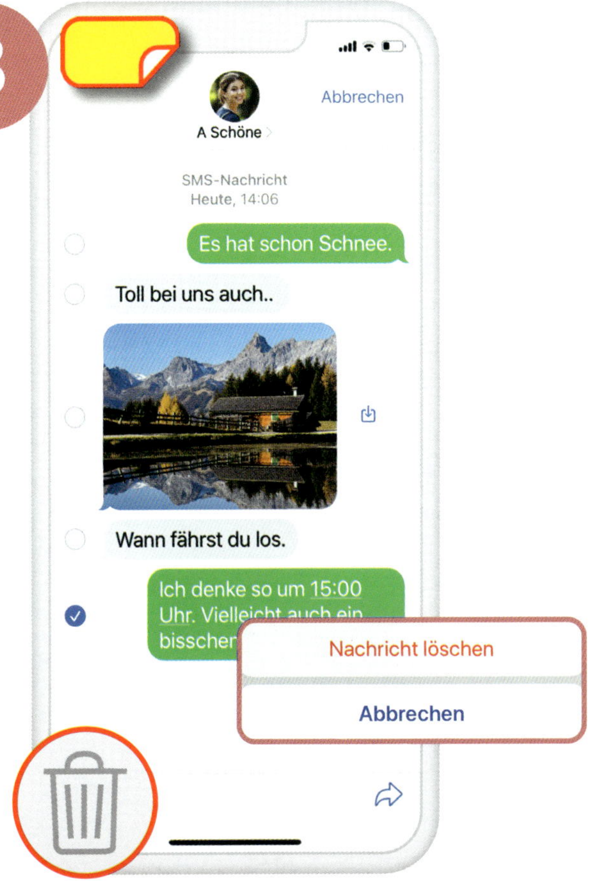

Finde den Papierkorb und tippe darauf. Bestätige, dass diese Nachricht gelöscht werden soll.

Aufgabe 21

a) Mache ein Foto.
b) Drehe ein Video.

App

Kamera

Stelle die Kamera auf FOTO und drücke auf den Auslöser.

Stelle die Kamera auf VIDEO. Tippe auf den Auslöser, um die Aufnahme zu starten.

Tippe erneut auf den Auslöser, um die Aufnahme zu stoppen.

Aufgabe 22

Du willst das Foto/Video wieder löschen. Öffne es und lösche es.

App

Kamera

1

Tippe auf die Mini-Version deines Bildes/Videos links unten.

Finde den Papierkorb und tippe darauf.

Bestätige »Foto löschen«.

Aufgabe 23

Mache ein Selfie von dir.

App

Kamera

Aktiviere die vordere Kamera, indem du auf den Schalter zum Wechseln der Kamera tippst.

2

Mit dem Selbstauslöser geht's einfacher.

3

Die beiden Lautstärketasten sind auch Auslöser. Und ab iPhone 16: Kamera-Taste.

Tippe auf den Auslöser, um ein Foto von dir zu machen.

Aufgabe 24

Dir gefällt dein Foto noch nicht. Verändere den Ausschnitt deines Bildes.

App

Fotos

1

Tippe auf »Bearbeiten«.

Bildbearbeitung:
- Anpassen
- Filter
- Zuschneiden

Tippe auf das Symbol für »Zuschneiden«.

Schiebe die Ecken nach innen. Speichere das Bild neu ab.

Aufgabe 25

Bearbeite dein Bild mit einem Fotofilter.

App Fotos

1

Tippe auf »Bearbeiten«.

Tippe auf das Symbol für »Filter«.

Wähle einen Filter aus und speichere das Bild neu ab.

Aufgabe 26

Sende dein Bild an einen Freund oder eine Freundin.

App

Fotos

Finde das Symbol [Teilen-Symbol]. Tippe darauf.

2

3

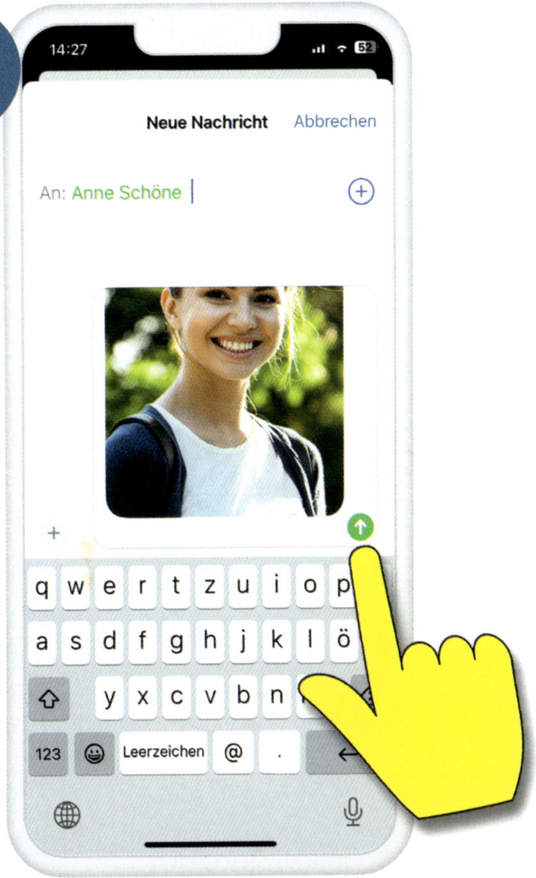

Wähle eine App aus, über die das Foto versandt werden soll.

In der App den Empfänger auswählen und abschicken. MMS oder iMessage.

Aufgabe 27

Fülle das Album Favoriten mit deinen Lieblingsbildern.

App

Fotos

Öffne ein Bild.

Finde und tippe auf das Herz.

Finde unter »Sonstige« das Album »Favoriten«.

Aufgabe 28

Mache ein Foto von deinem Bildschirm.
Das ist ein Screenshot.

App

Fotos

1

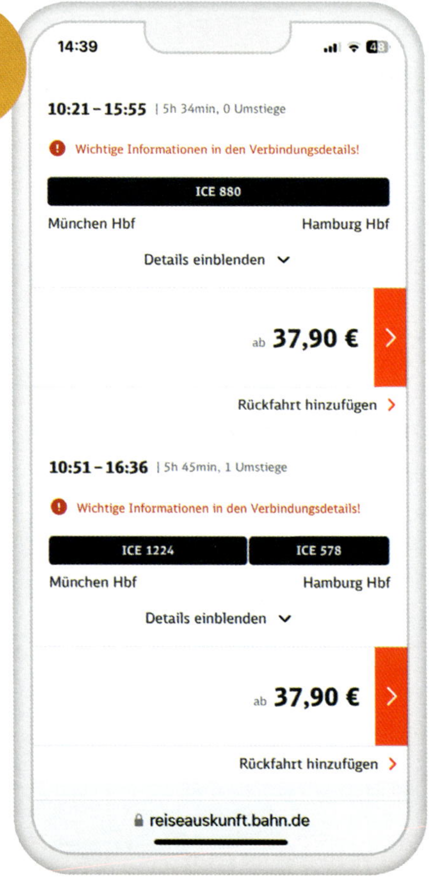

Öffne die App, die du abfotografieren willst.

2

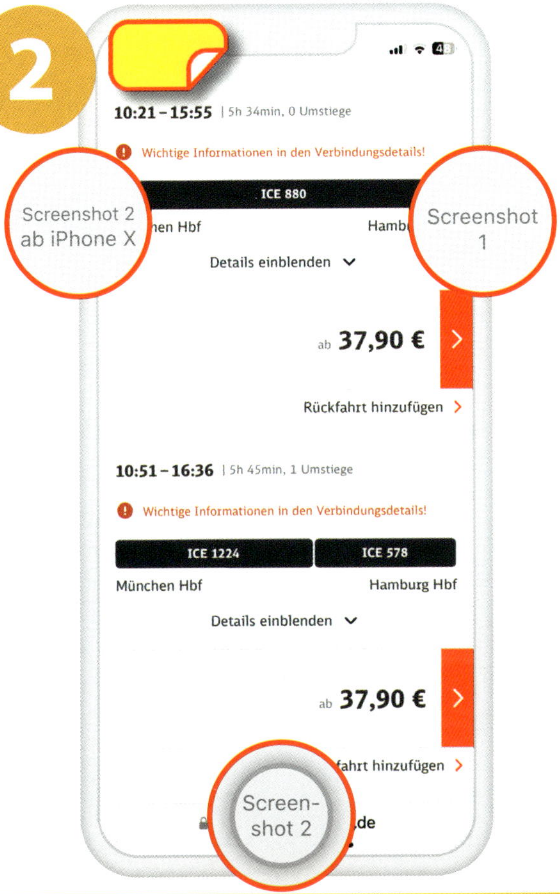

3

Finde die zwei Schalter, die du gleichzeitig drücken musst.

Öffne die App »Fotos« und finde den Bereich »Bildschirmfotos«. Die Bereiche kann man neu anordnen.

Aufgabe 29

Erstelle eine neue Notiz mit einer Einkaufsliste.

App

Notizen

1

Finde das Symbol für »Neue Notiz« und tippe darauf.

Benutze die Tastatur, um deine Einkaufsliste zu schreiben. Das iPhone hilft dir mit Wortvorschlägen.

Tippe auf »Fertig«, um die Liste zu speichern.

Aufgabe 30

Lösche die Notiz mit deiner Einkaufsliste.

App

Notizen

1

Tippe auf deine Einkaufsliste, um sie zu öffnen.

2

3

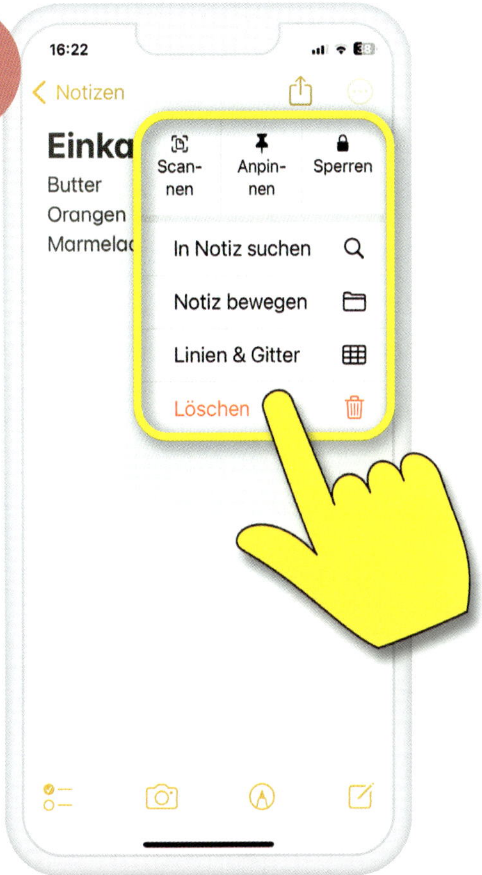

Tippe rechts oben auf die drei waagrechten Punkte.

Finde »Löschen« und tippe darauf.

Aufgabe 31

Um mobile Daten zu sparen, stelle eine Verbindung zum WLAN her.

App

Einstellungen

1

Tippe auf die Zeile »WLAN«. Das WLAN muss angeschaltet sein.

2

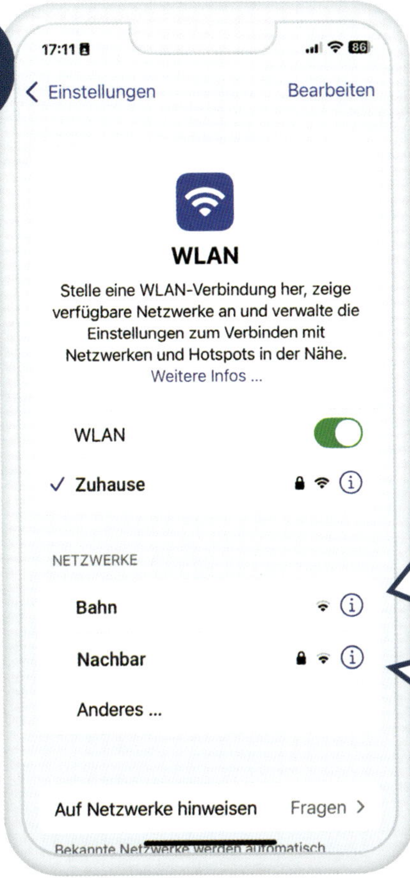

Ein öffentliches Netz hat kein Schloss, dafür musst du erst die Nutzungsbedingungen akzeptieren.

Ein privates Netz hat ein Schloss und du benötigst ein Passwort.

3

Tippe in der Liste auf das gewünschte WLAN-Netz.

Gib das Passwort ein und tippe auf »Verbinden«.

Aufgabe 32

Suche deinen eigenen Standort auf der Karte.
Zoome in die Karte, damit du die Straßennamen erkennen kannst.

App

Karten

Tippe auf das Standort-symbol.

2

3

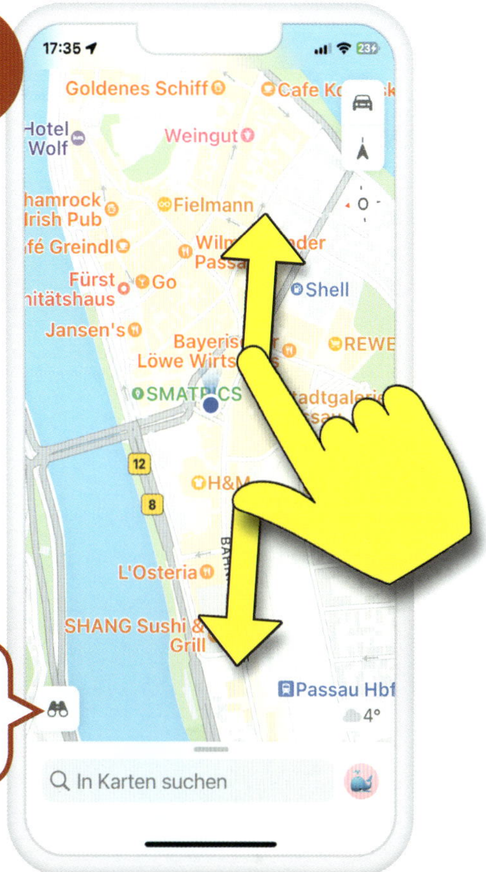

Finde deinen Standort. Ein 2. Mal tippen, um die Ausrichtung der Karte zu ändern.

Zoome in die Karte. Schiebe dazu Daumen und Zeigefinger auseinander.

Aufgabe 33

Suche ein Café in deiner Nähe, das jetzt geöffnet hat.

App

Karten

1

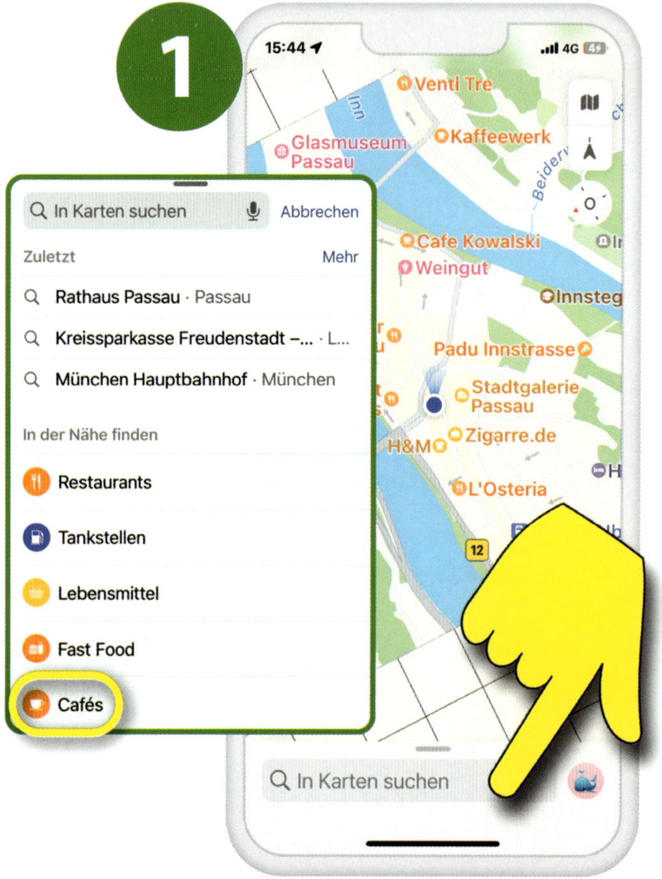

Tippe auf das Suchfeld.
Finde weiter unten »Cafés«.

2

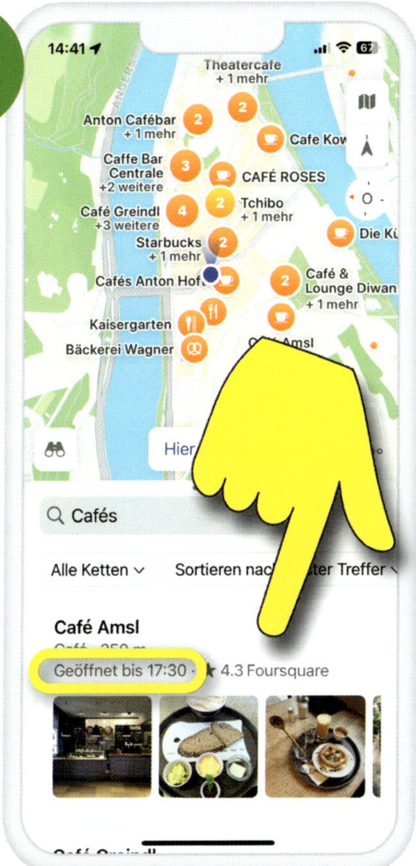

3

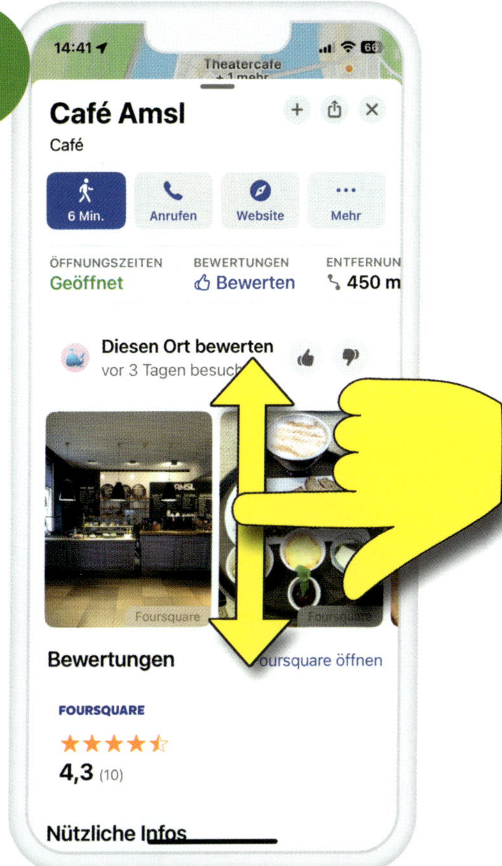

Wähle über die Karte oder die Liste ein Café aus. In der Liste siehst du die Öffnungszeiten.

Ziehe nach oben, um mehr Infos und Fotos zum Café zu sehen, und nach unten zum Ausblenden.

Aufgabe 34

Du willst zum Rathaus fahren. Starte eine Route dorthin. Probiere Auto, Bahn oder zu Fuß aus.

App 

Karten

**Gib »Rathaus« in das Suchfeld ein.
Tippe auf das Ergebnis.**

2

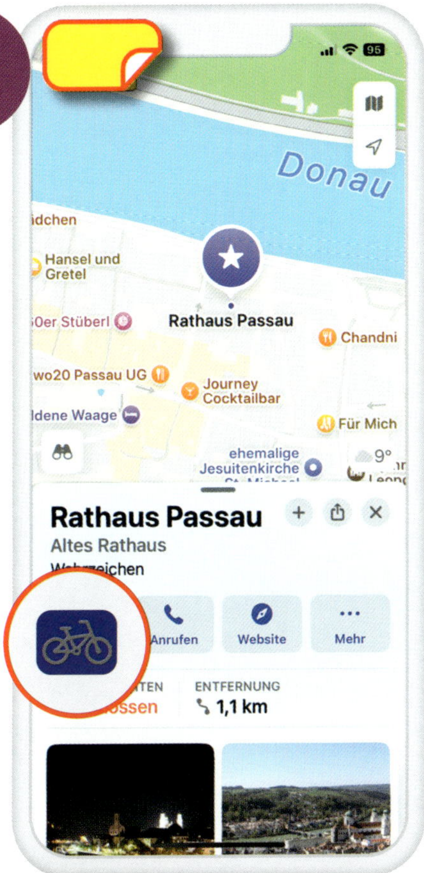

Tippe auf das blaue Feld.

3

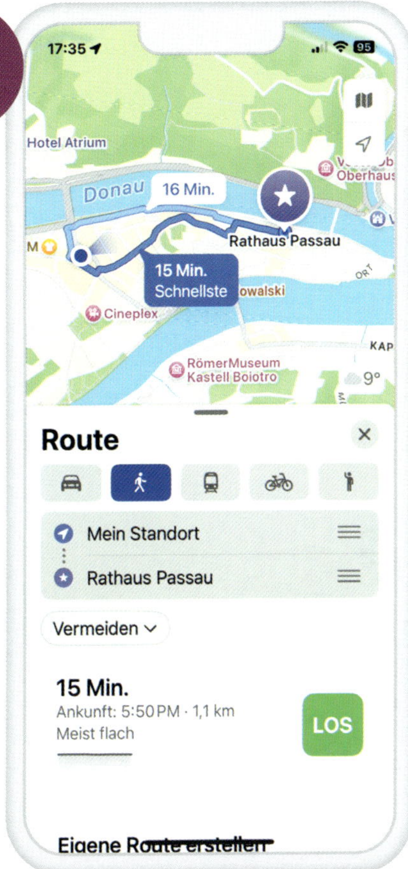

Wähle Strecke und Fahrzeug aus. Tippe auf »Los«. Stoppe mit ⌃ und »Route beenden«.

Aufgabe 35

Du willst einen Kuchen backen. Suche im Internet nach einem Rezept.

App

Safari

1

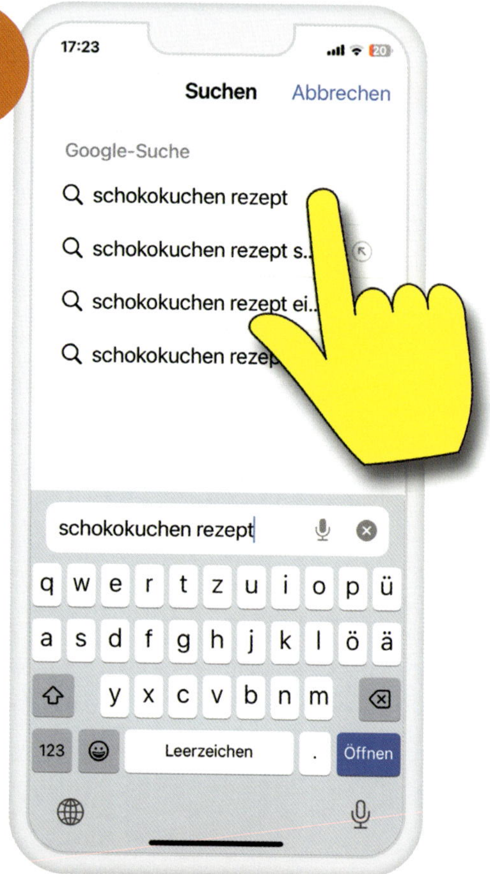

Gib »Schokokuchen Rezept« in das Suchfeld ein. Tippe auf ein Ergebnis.

2

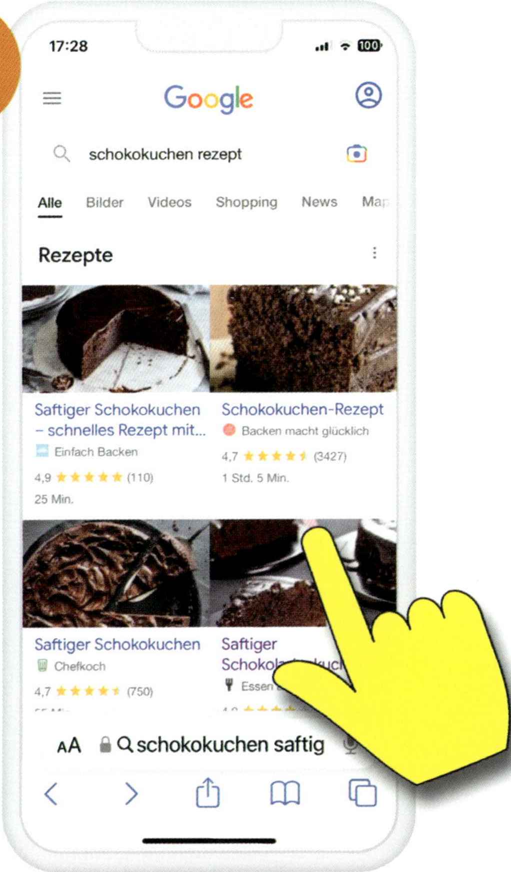

Suche ein Rezept aus und tippe darauf, um die Webseite zu öffnen.

3

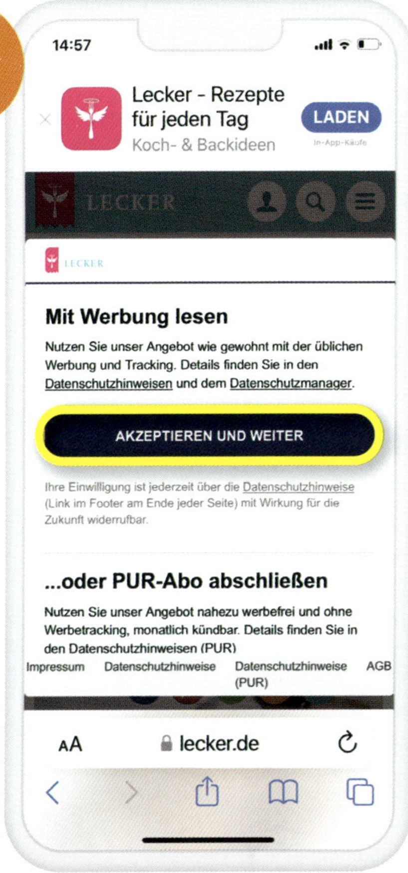

Um die Seite vollständig zu sehen, musst du die Cookies akzeptieren oder anpassen.

Aufgabe 36

Nutze die Spracheingabe, um ein Hotel in Paris zu finden.

App

Safari

1

Tippe auf das Mikrofon im Suchfeld.

2

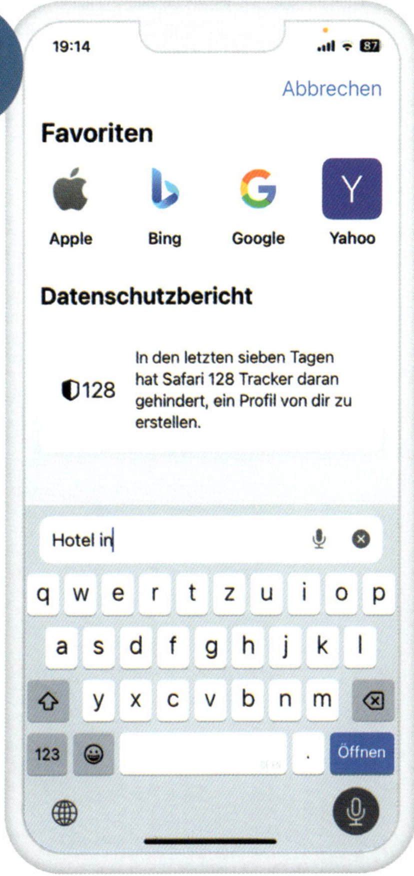

3

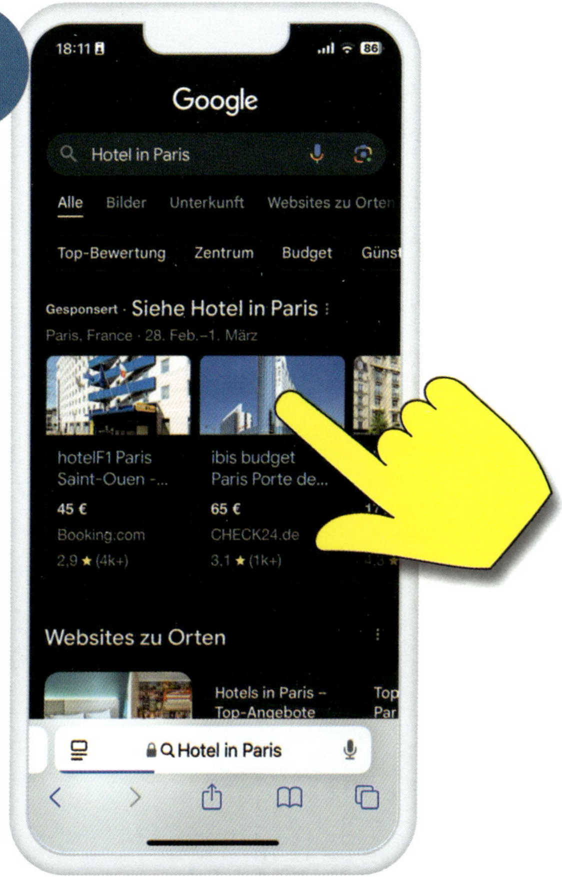

Sprich »Hotel in Paris« ins Mikrofon. Warte kurz.

Wähle eine Webseite aus der Liste aus.

Aufgabe 37

Überprüfe, ob es Updates, also neue Versionen deiner Apps, gibt.

App

App Store

1

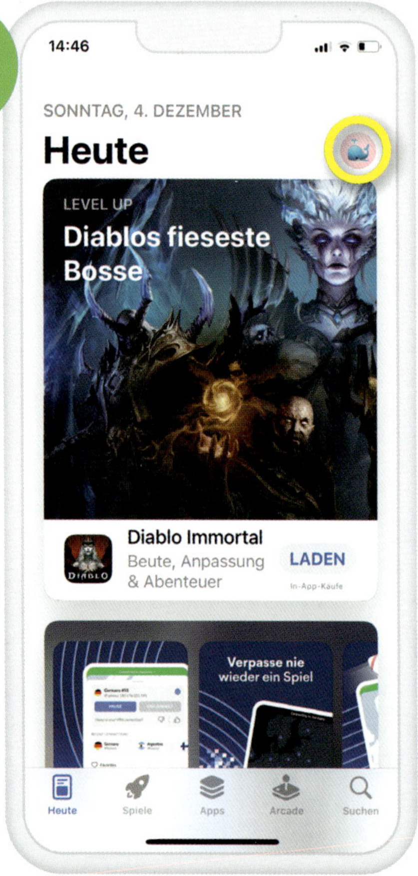

Tippe auf dein Profilbild.

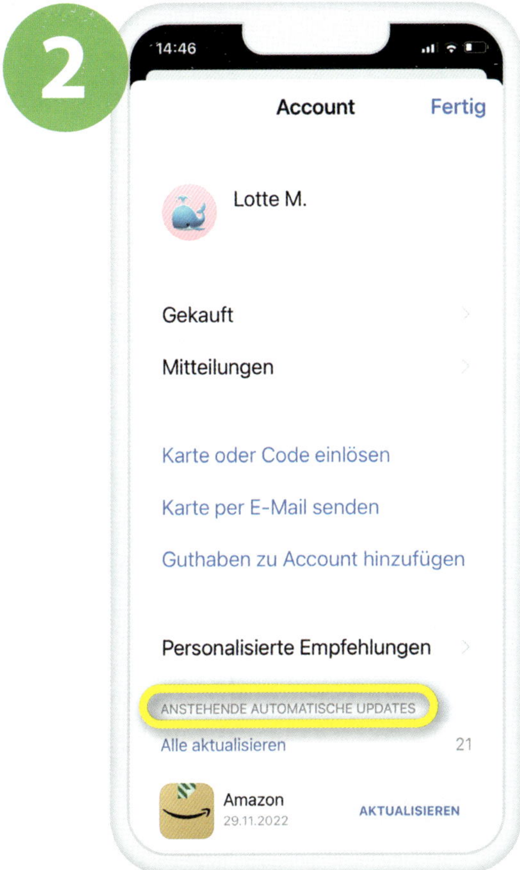

Suche unten nach »Anstehende automatische Updates«.

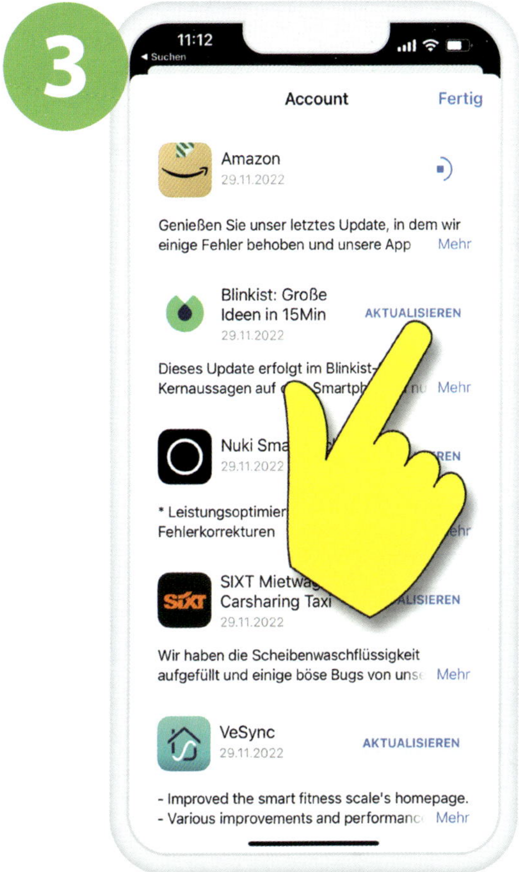

Auf »Aktualisieren« tippen, um das Update durchzuführen.

Aufgabe 38

Lade eine neue App auf dein Handy.

App

App Store

1

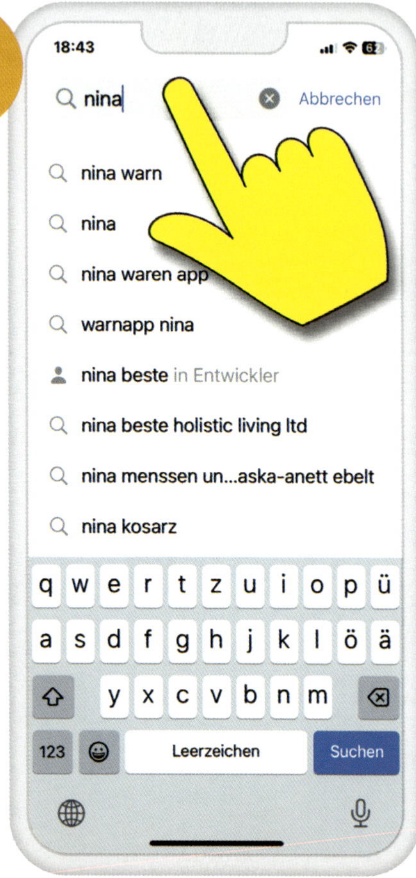

Wähle »Suchen« aus. Tippe in das Suchfeld den Namen der App ein.

2

Kostenpflichtige Apps zeigen hier statt »Laden« den Preis an. Du kannst Apps auch einfach mit einer Gutscheinkarte bezahlen.

Älteres iPhone: Freigabe durch Fingerabdruck Home-Button.

3

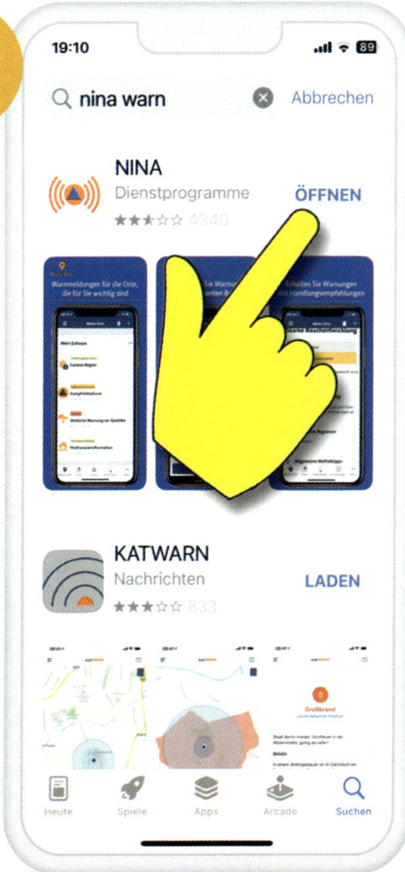

Wähle deine App aus. Tippe auf »Laden«. Kauf durch 2x Tippen auf Einschalter freigeben.

Die App wurde hinzugefügt. Tippe auf »Öffnen«.

Aufgabe 39

Verschiebe die App auf eine neue Position auf deinem Bildschirm.

1

Drücke so lange auf eine freie Stelle des Bildschirms, bis die Symbole anfangen zu zittern.

2

Schiebe die App auf eine neue Position und lasse los.

3

Wenn du eine App über eine andere App ziehst, wird ein Ordner erstellt.

Bestätige die Position durch Tippen auf eine leere Stelle des Bildschirms.

Aufgabe 40

Lösche eine App von deinem Smartphone.

Drücke länger auf eine freie Stelle des Bildschirms.

Auf das kleine Minus tippen, das in der Ecke der App erscheint.

Auf »App löschen« tippen und mit »Löschen« bestätigen.

Aufgabe 41

Bei WhatsApp anmelden und die Telefonnummer verifizieren.

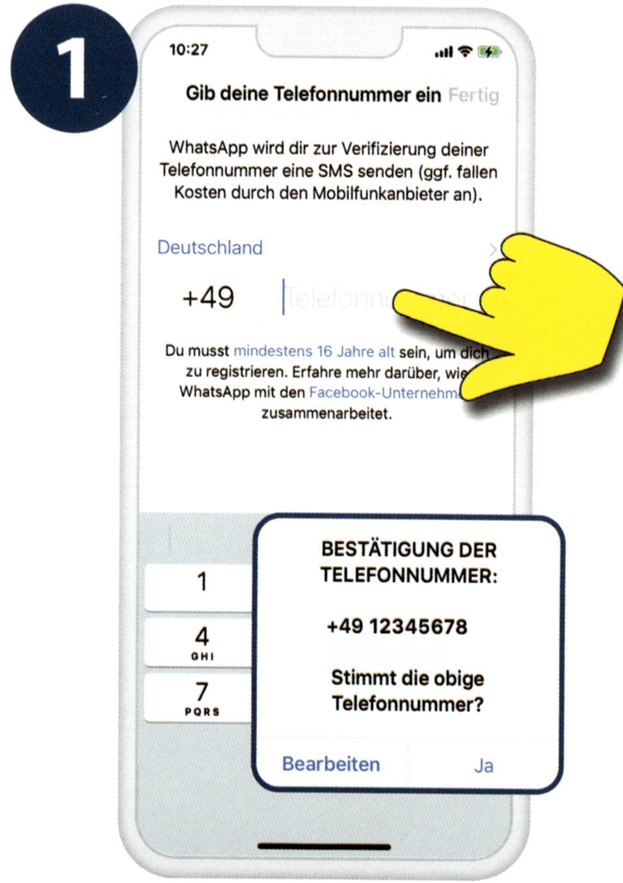

Öffne WhatsApp, tippe durch die Freigaben und gib deine Telefonnummer ein.

Erstelle ein neues Konto oder, falls du schon ein WhatsApp-Konto hast, lade das Back-up.

Gib deinen Namen ein und tippe auf »Fertig«. Tippe durch weitere Freigaben.

Aufgabe 42

Schaue dir die verschiedenen Möglichkeiten zur Kommunikation über WhatsApp an.

App

WhatsApp

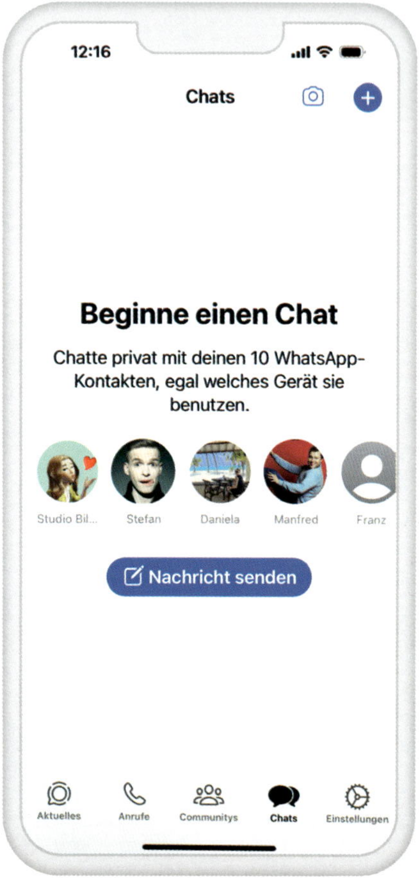

Chat

Nachrichten
an eine Person senden.
mit Anhang:
- Dokument
- Foto Kamera
- Foto Galerie
- Audio
- Standort
- Kontakt-Infos
- Sprachnachricht
- Umfrage

Communitys

Gruppen-Chat
Nachrichten an eine Gruppe senden. Alle Gruppemitglieder sehen alle versendeten Nachrichten.
Es können mehrere Gruppen unter einer **Community** zusammengefasst werden.

Broadcast

Nachrichten
an mehrere gleichzeitig senden.
Der Teilnehmer antwortet im Einzel-Chat und sieht die anderen nicht.

Aktuelles

Status
Text, Bilder an alle oder ausgewählte Kontakte verschicken.
Inhalt ist nur für 24 Std. sichtbar.
Kanäle
abonnieren von Stars, Firmen, etc. und Infos erhalten.

Anrufe

Telefonat oder Videoanruf
Telefonieren und sich bei einem Videoanruf gegenseitig sehen.

Aufgabe 43

Um WhatsApp Zugriff auf Kontakte oder Kamera zu geben, überprüfe die Zugriffsrechte von WhatsApp.

App

Einstellungen

1

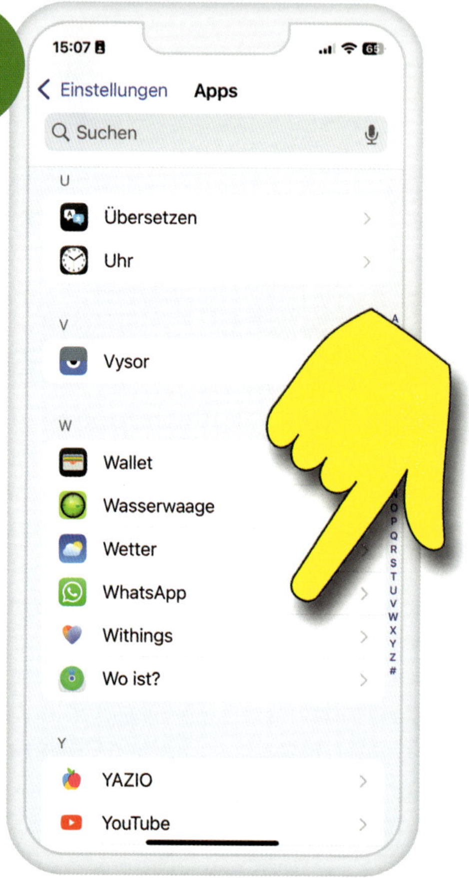

Tippe unten auf »Apps« und finde »WhatsApp« in der Liste.

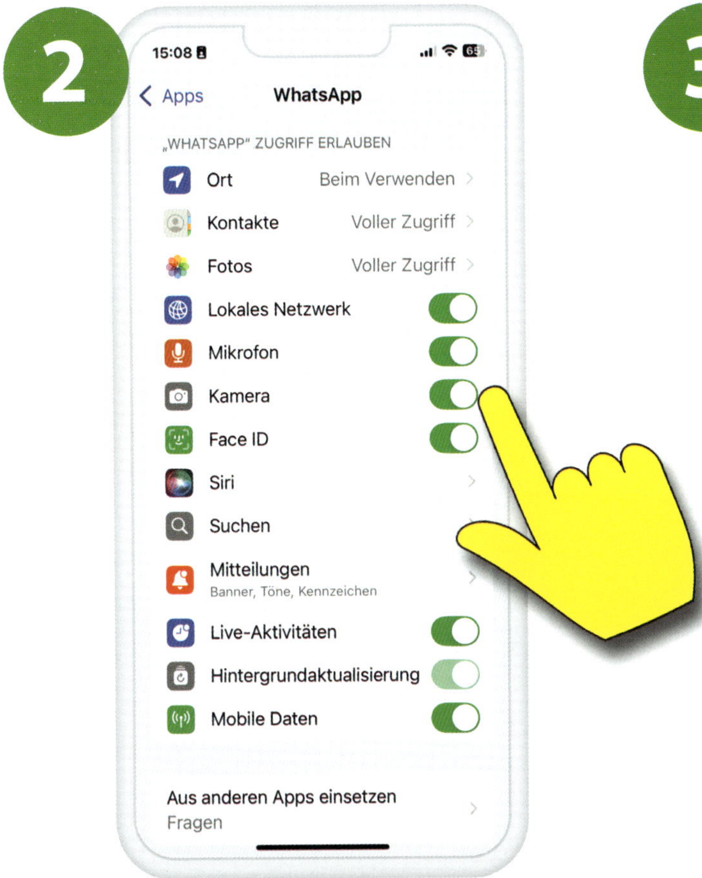

Durch Tippen auf die Schalter werden die Berechtigungen an-/ausgeschaltet.

Wähle deine gewünschte Einstellung. Für Videoanruf Mikrofon und Kamera freigeben.

Aufgabe 44

Bearbeite dein WhatsApp-Profil. Füge ein Foto und eine kurze Info ein.

Öffne in WhatsApp die Einstellungen:

1

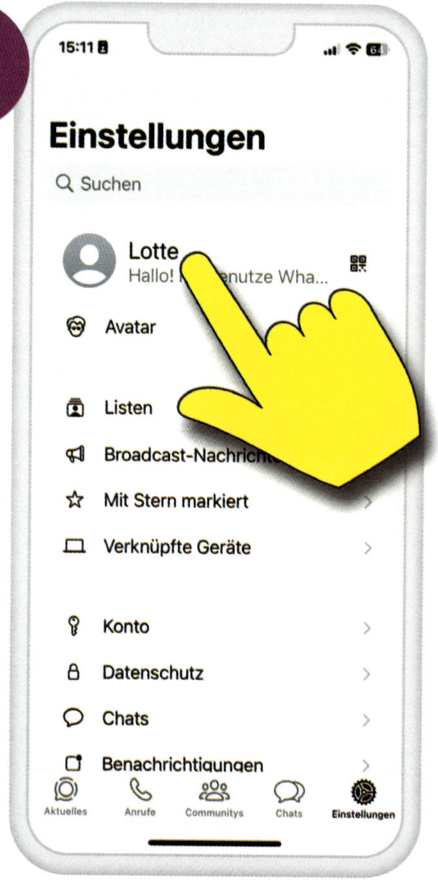

Tippe auf die Zeile mit deinem WhatsApp-Namen.

2

Tippe auf »Bild auswählen« und wähle ein Foto aus. Tippe auf »Auswählen«.

3

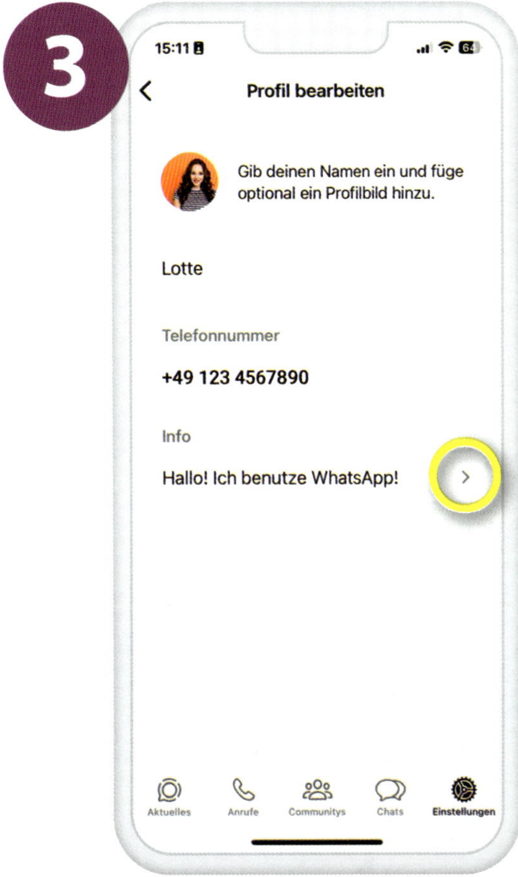

Tippe auf die Zeile »Info« und gib einen Begrüßungstext ein.

Aufgabe 45

Schreibe eine Nachricht und schicke sie ab.

Öffne in WhatsApp Chats:

1

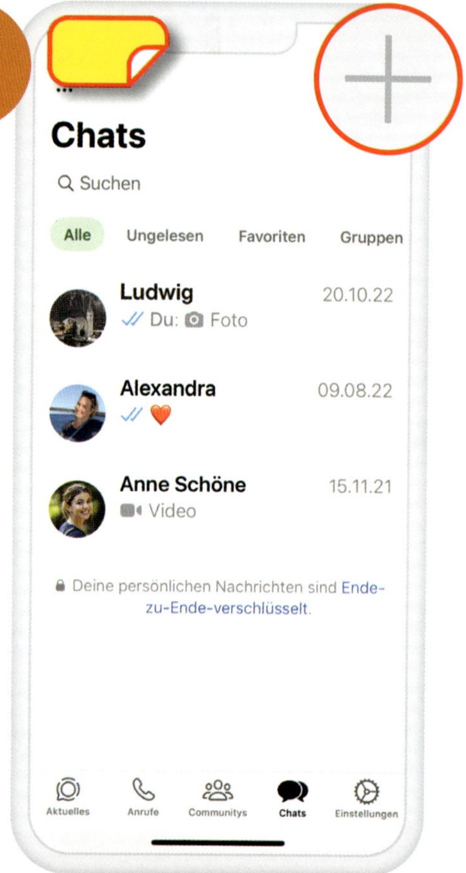

Tippe auf das Symbol »Neue Nachricht« oder direkt auf einen Kontakt.

2

Wähle einen Kontakt aus.

3

Tippe in das Nachrichtenfeld. Schreibe deine Nachricht und schicke sie ab.

Aufgabe 46

Versende eine Nachricht mit einem Bild aus deiner Fotogalerie.

Öffne in WhatsApp Chats:

Wähle einen Empfänger aus und schreibe deine Nachricht. Tippe auf das Plus.

2

Tippe auf »Fotos«.

3

Wähle ein Foto aus.
Schicke die Nachricht mit dem Bild ab.

Aufgabe 47

a) Lösche eine Nachricht.
b) Leite eine Nachricht an jemanden weiter.

Öffne in WhatsApp Chats:

1

Drücke auf die Nachrichtenzeile, bis das Menü erscheint. Finde »Löschen« und tippe darauf.

2

3

Zum Löschen tippe auf den Papierkorb und bestätige »Für alle löschen«.

Zum Weiterleiten tippe auf ↪. Wähle den Empfänger aus und sende die Nachricht.

Aufgabe 48

Führe ein Telefonat oder mache einen Videoanruf über WhatsApp.

Öffne in WhatsApp Anrufe:

1

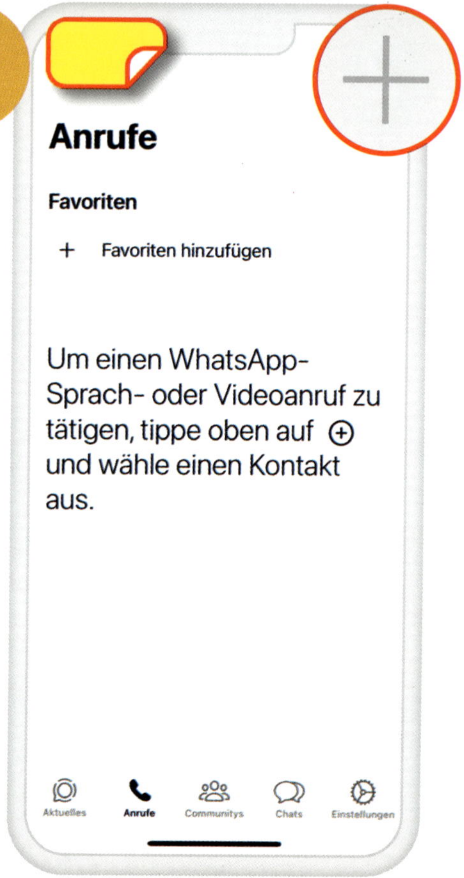

Tippe auf das Plus.

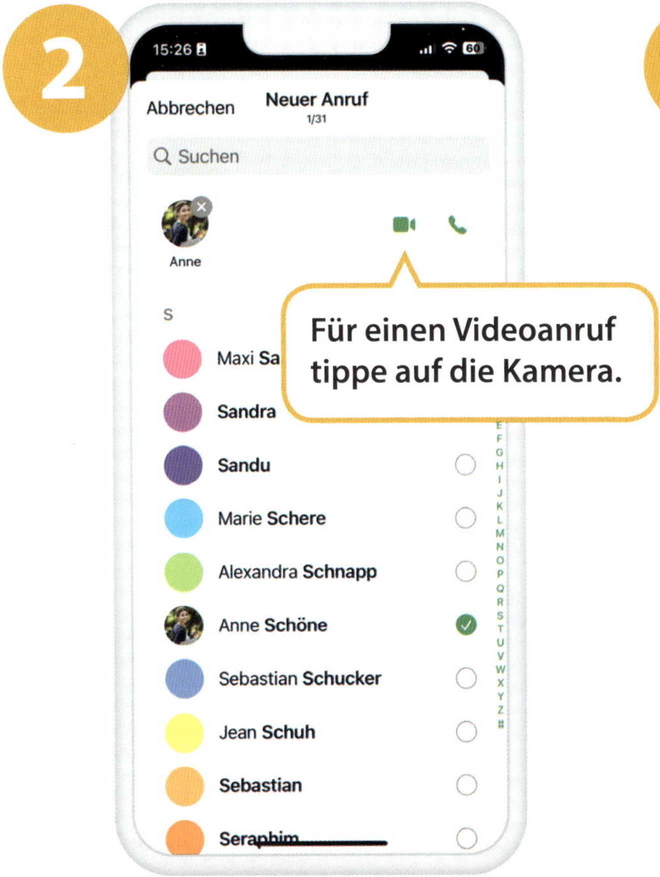

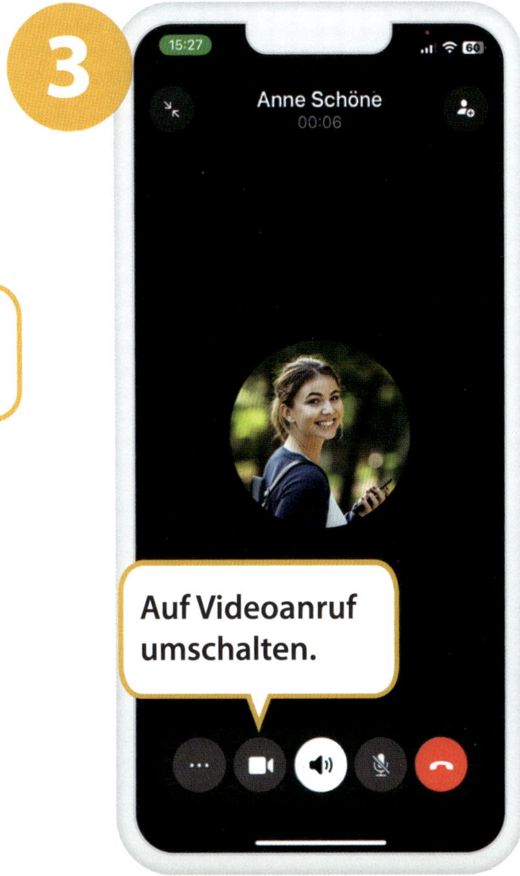

Wähle die Person aus und tippe oben auf das Telefon neben dem Namen.

Tippe auf den roten Hörer, um dein Telefonat zu beenden.

Aufgabe 49

Sende eine Statusnachricht an Freunde.

Öffne in WhatsApp Status:

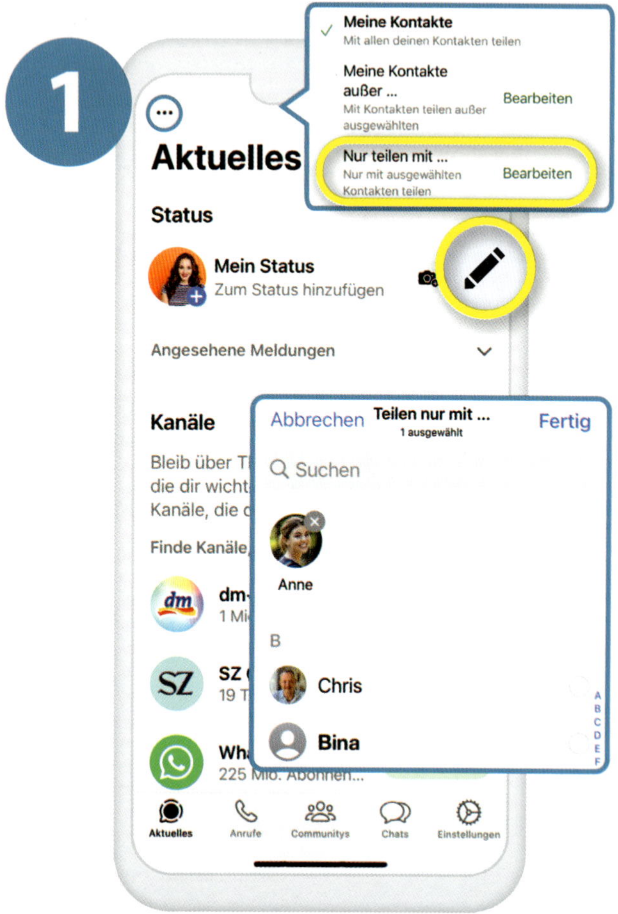

Tippe auf ⋯ und »Status-Datenschutz«. Wähle, mit wem der Status geteilt wird. Tippe dann auf den Stift.

2

3

Schreibe deine Nachricht. Du kannst die Hintergrundfarbe und Schriftart ändern.

Nach dem Absenden bleibt deine Nachricht für 24 Stunden sichtbar.

Aufgabe 50

Bilde deine eigene WhatsApp-Gruppe.

Öffne in WhatsApp Chats:

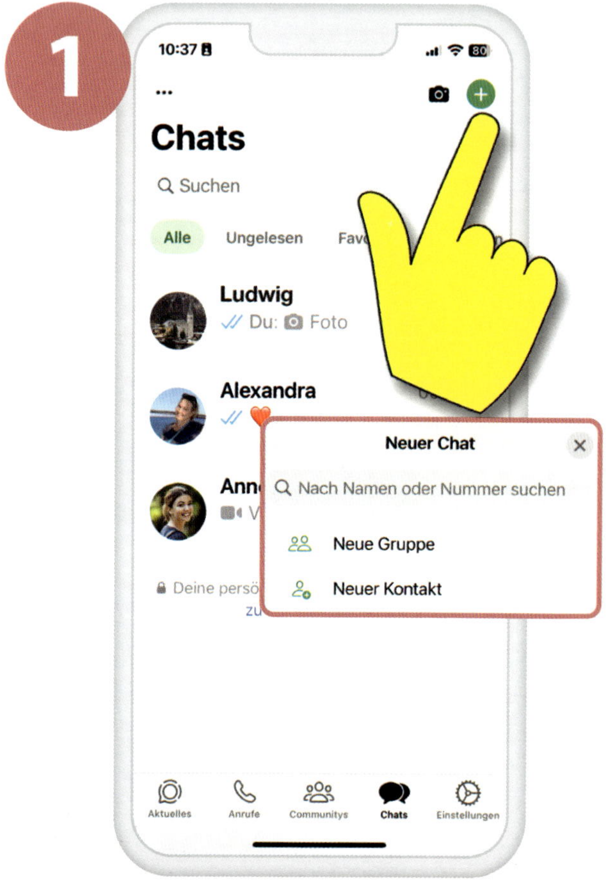

Tippe auf das Plus und wähle »Neue Gruppe«.

2

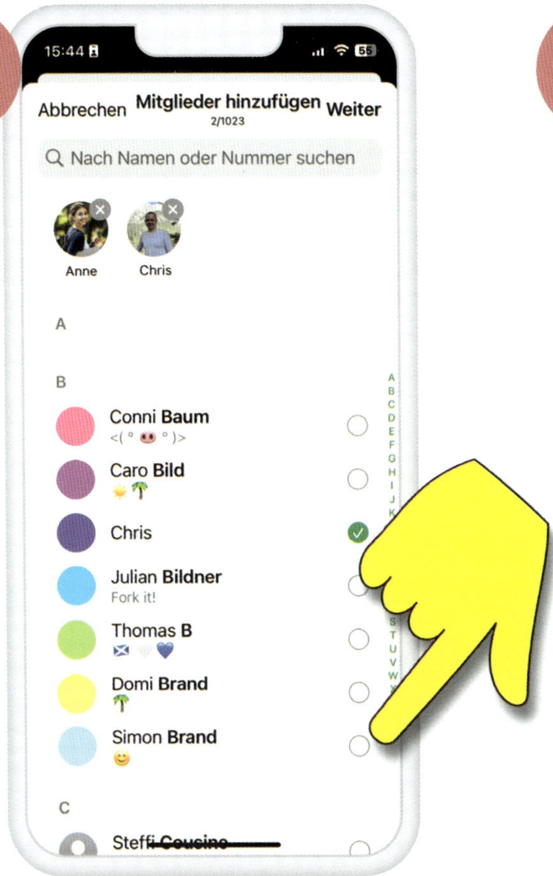

Füge der Gruppe Mitglieder aus deinen Kontakten hinzu.

3

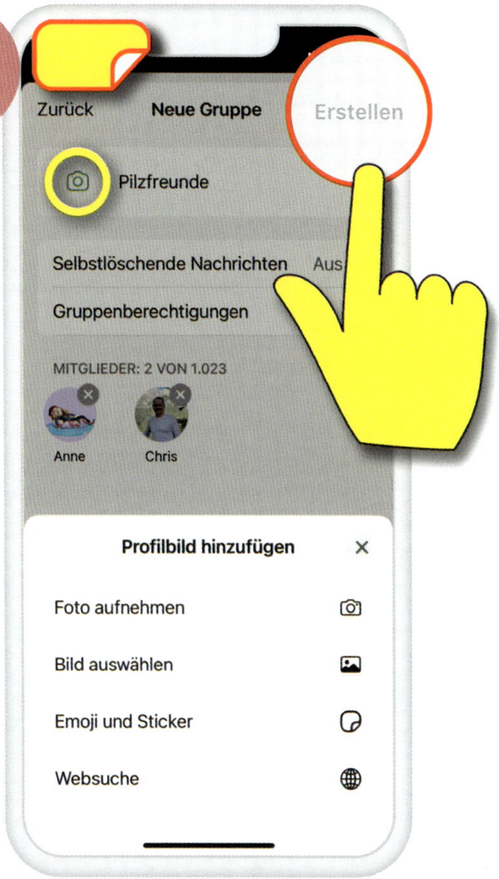

Gib deiner Gruppe einen Namen und ein Bild. Tippe auf »Erstellen«.

App

Der Begriff App ist eine Abkürzung des englischen Worts *Application*, zu deutsch Anwendung oder Programm. Apps sind auf mobilen Geräten installiert, z. B. Kalender, Uhr, Galerie oder Kontakte. Zum Telefonieren mit dem Smartphone benötigt man beispielsweise die App Telefon.

Bluetooth

Als Bluetooth bezeichnet man einen Standard für kabellose Datenübertragung über kurze Entfernungen per Funk. Auf diese Weise kann das Smartphone mit bluetoothfähigen Lautsprechern, Kopfhörern oder neueren Audiosystemen im Auto verbunden werden. Apple-Geräte bieten den Austausch von Fotos oder Daten über das Apple-eigene System AirDrop. Um AirDrop zu nutzen, muss auf beiden Apple-Geräten Bluetooth aktiviert sein.

Button

Button ist die englische Bezeichnung für Taste oder Knopf. Auf dem Smartphone ist es eine digitale Taste mit einem Symbol. Auf dieses muss getippt werden, um eine Aktion auszuführen, z. B. eine App zu starten. Auch der rote Telefonhörer ist ein Button, mit dem man durch Antippen ein Telefonat beendet.

Chat

Das englische Wort Chat bedeutet *plaudern*. Ein digitaler Chat ist die Kommunikation mittels geschriebenem Text, der vom Sender zum Empfänger übertragen wird, z. B. in WhatsApp.

Home-Button

Das englische Wort Home steht für Haus, Zuhause oder auch Heimat. Der Home-Button ist auf den iPhone-Geräten bis zur Generation 8 die runde Taste ganz unten. Einmal tippen auf den Home-Button bringt dich zum Startbildschirm. Zweimal tippen zeigt alle geöffneten Apps an. Ab iPhone X gibt es keinen Home-Button mehr, sondern einen waagrechten Strich unten am Bildschirm. Wenn man diesen nach oben wischt, gelangt man zum Startbildschirm.

iOS

iOS ist das von Apple entwickelte Betriebssystem für das iPhone. Fast jedes Jahr wird eine neue Version veröffentlicht, die man nach Möglichkeit installieren sollte. Das Softwareupdate des Betriebssystems findet sich auf deinem iPhone unter: Einstellungen ▶ Allgemein ▶ Softwareupdate.

Die aktuelle Version ist iOS 18.

iTunes

iTunes ist eine universelle Multimedia-Verwaltungssoftware von Apple. Sie wurde auf Apple-Geräten durch seperate Apps ersetzt: Musik, Apple TV, Podcast und Finder (für den Datenaustausch zwischen Mac, iPhone und iPad). Für Windows-PCs gibt es iTunes noch zum Austausch von Musik, Filmen, etc. zwischen dem PC und Apple-Geräten.

Mobilfunkstandards

Die Mobilfunktechnik zur Datenübertragung hat über die Jahre verschiedene Verfahren oder Standards entwickelt, um Funksignale zu übertragen. Die Abkürzungen für die verschiedenen Standards sind E, 3G, H+, 4G, LTE und 5G. Das G steht dabei für Generation. 5G ist momentan die schnellste Übertragungsrate. 5G kannst du nur mit einem 5G-fähigen Smartphone oder Tablet nutzen. In der Statusleiste oben am Bildschirm kannst du erkennen, über welche Mobilfunktechnik dein Smartphone gerade Daten überträgt.

NFC

Die Abkürzung NFC steht für *Near Field Communication*, zu deutsch *Nahfeldkommunikation*. Diese Technik ermöglicht kontaktlosen Austausch von Daten über kurze Strecken von wenigen Zentimetern. Seit iPhone 6 nutzt Apple diese Technik für Zahlungen mit Apple Pay. Mehr Möglichkeiten, um NFC zu nutzen, gibt es seit iPhone 7 über zusätzliche Apps.

Safari

Safari ist der Webbrowser von Apple und als App auf jedem iPhone vorinstalliert. Mit der App Safari kannst du mit einer Internetverbindung über WLAN oder eine mobile Datenverbindung Webseiten auf dem iPhone öffnen.

Screen, Touchscreen & Screenshot

Screen ist das englische Wort für *Bildschirm*, touch heißt *Berührung*. Smartphones bestehen aus einem Bildschirm, der über Touch-Technik bedient wird. Das heißt, man muss den Bildschirm mit dem Finger antippen, um Programme zu bedienen.

Die Touchscreen-Technik hat verschiedene Fingergesten: einmal tippen, zweimal schnell hintereinander tippen, länger drücken, mit dem Finger nach rechts, links, oben oder unten wischen und mit dem Finger gedrückt etwas ziehen.

Mit diesen Fingergesten werden alle Programme auf dem Smartphone bedient.

Screenshot nennt man eine Aufnahme des gesamten, momentanen Bildschirms. Der Screenshot bietet die Möglichkeit, den Bildschirm abzufotografieren, um z. B. eine Zugverbindung als Foto festzuhalten. So kann die Information jederzeit wieder abgerufen werden. Auch Warnhinweise, die auf dem Smartphone erscheinen, können abfotografiert werden. Anhand des Fotos kann man eine andere Person um Rat bitten.

Siri

Siri ist eine Apple-Software, die gesprochene Sprache erkennt. Das Programm agiert als persönlicher Assistent, indem es auf Fragen passende Antworten liefert oder Kommandos ausführt, die sonst eine manuelle Eingabe erfordern würden. Um Siri zu aktivieren, wird die Seitentaste gedrückt. Alternativ lässt sich Siri auch durch Sprachbefehl starten – seit iOS 17 reicht das Aktivierungswort „Siri". Siri wird durch Künstliche Intelligenz (Apple AI - Apple Intelligence) erweitert. Dadurch kann man mit Siri in einen Dialog treten, sie merkt sich das Gesagte und kann auf Folgefragen antworten. Apple AI ermöglicht auch, dass Inhalte nicht nur wiedergegeben sondern analysiert & zusammengefasst, aber auch neue Texte und sogar Bilder generiert werden.

Smart-Stift

Als Smart-Stift oder auch Eingabestift bezeichnet man einen Stift, der eine Gummikappe als Spitze hat. Diese Gummikappe ersetzt den Finger bei der Bedienung eines Smartphones. Wenn die Haut an der Fingerkuppe sehr trocken ist oder es sehr kalt ist, funktioniert der Touchscreen mit dem Finger nicht mehr richtig. Manchmal sind die Buttons, die man antippen soll, auch extrem klein. Dann vereinfacht ein Smart-Stift die Eingabe.

Update

Betriebssysteme und Apps werden ständig verbessert. Wenn eine neue Version zur Auslieferung an die Kunden fertig ist, spricht man von einem Update, zu deutsch Aktualisierung. Updates werden online angeboten und müssen auf das eigene Gerät heruntergeladen und installiert werden. Auf iPhones findest du Updates zu den Apps im App Store. Updates zum Betriebssystem erscheinen zum Teil als Hinweis auf dem Bildschirm oder werden in der App Einstellungen ▶ Allgemein ▶ Softwareupdate zur Verfügung gestellt. Einige Aktualisierungen können auch automatisch installiert werden.

WLAN und WiFi

Als WLAN oder auch WiFi bezeichnet man ein lokales, drahtloses Netzwerk, mit dem du auf Computern, Smartphones oder Tablets Zugang zum Internet bekommst. Um ein WLAN-/WiFi-Netzwerk aufzubauen, wird eine zentrale Sende- und Empfangsstelle benötigt. Das übernimmt häufig der sogenannte Router oder Netzwerkrouter. Dieses Gerät ist mit dem Internet verbunden und kann auch ohne Kabel eine Verbindung mit deinem Smartphone aufbauen. Um mobile Daten zu sparen, kann man sich zu Hause, in Cafés, im Hotel oder auch am Flughafen und in der Bahn über WLAN/WiFi mit dem Internet verbinden.